Sheet/Arkusz A

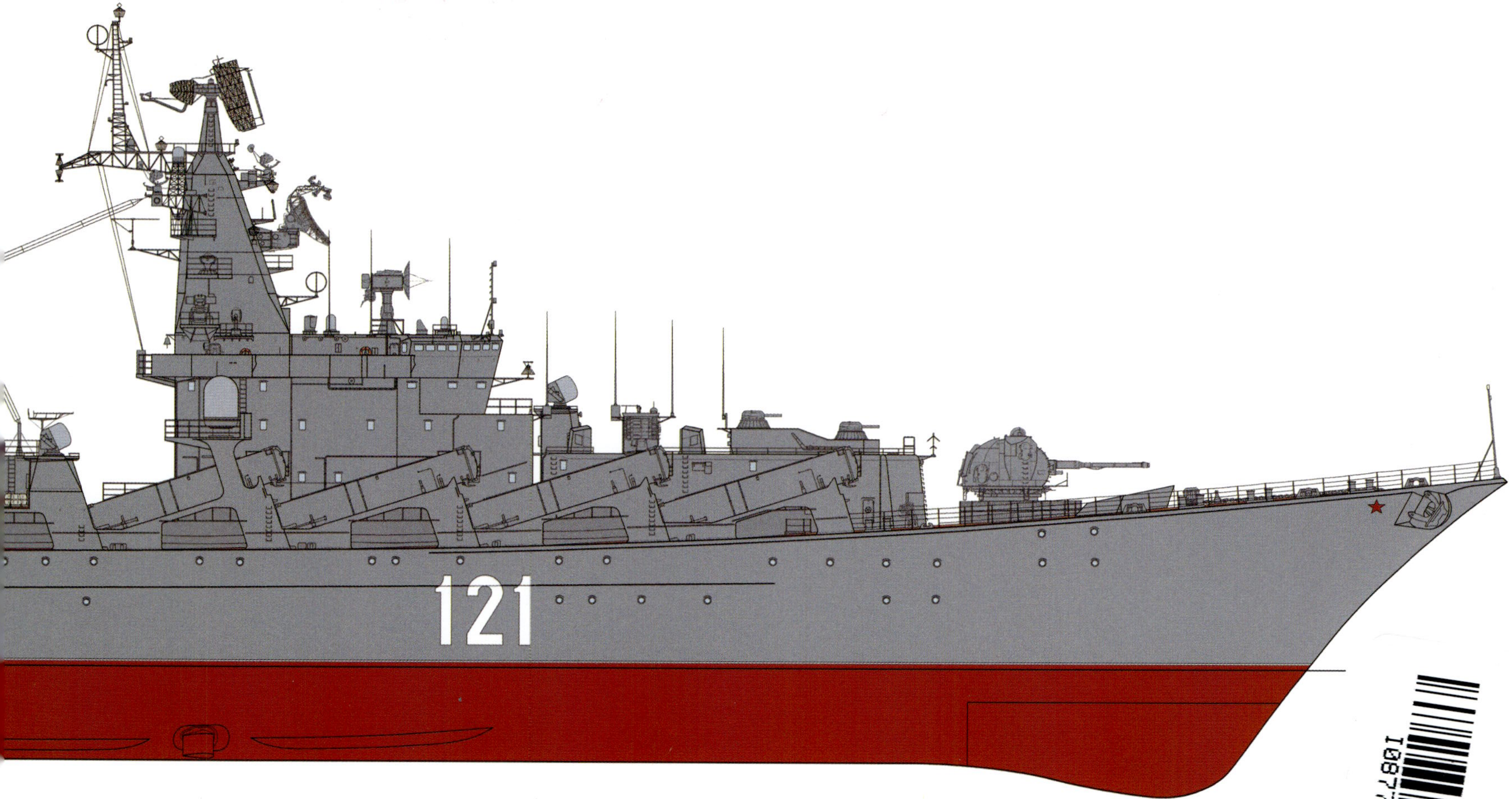

at year 1998, top view
tanu na rok 1998, widok z lewej burty

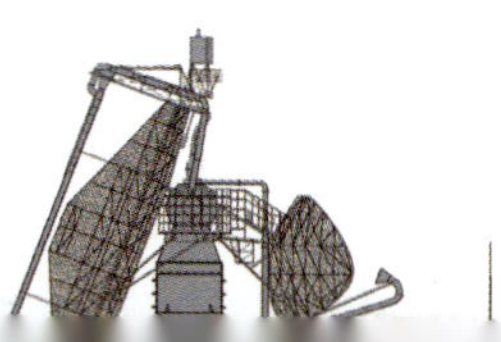

Missile cruiser "Moskva" as at year 1998, starboard view
Krążownik rakietowy „Moskwa" według stanu na rok 1998, widok z prawej burty

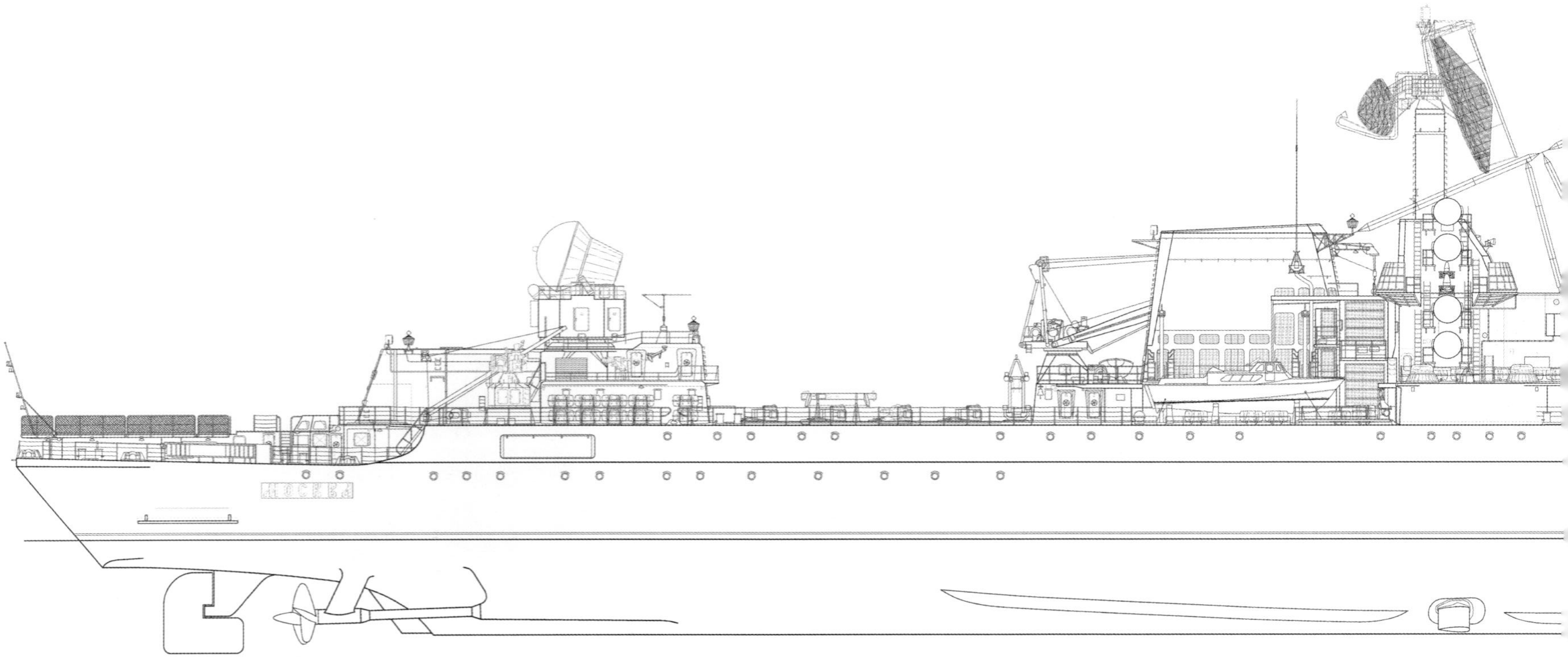

Missile cruiser "Moskva" as at year 1998, port side view
Krążownik rakietowy „Moskwa" według stanu na rok 1998, widok z lewej burty

Sheet/Arkusz B

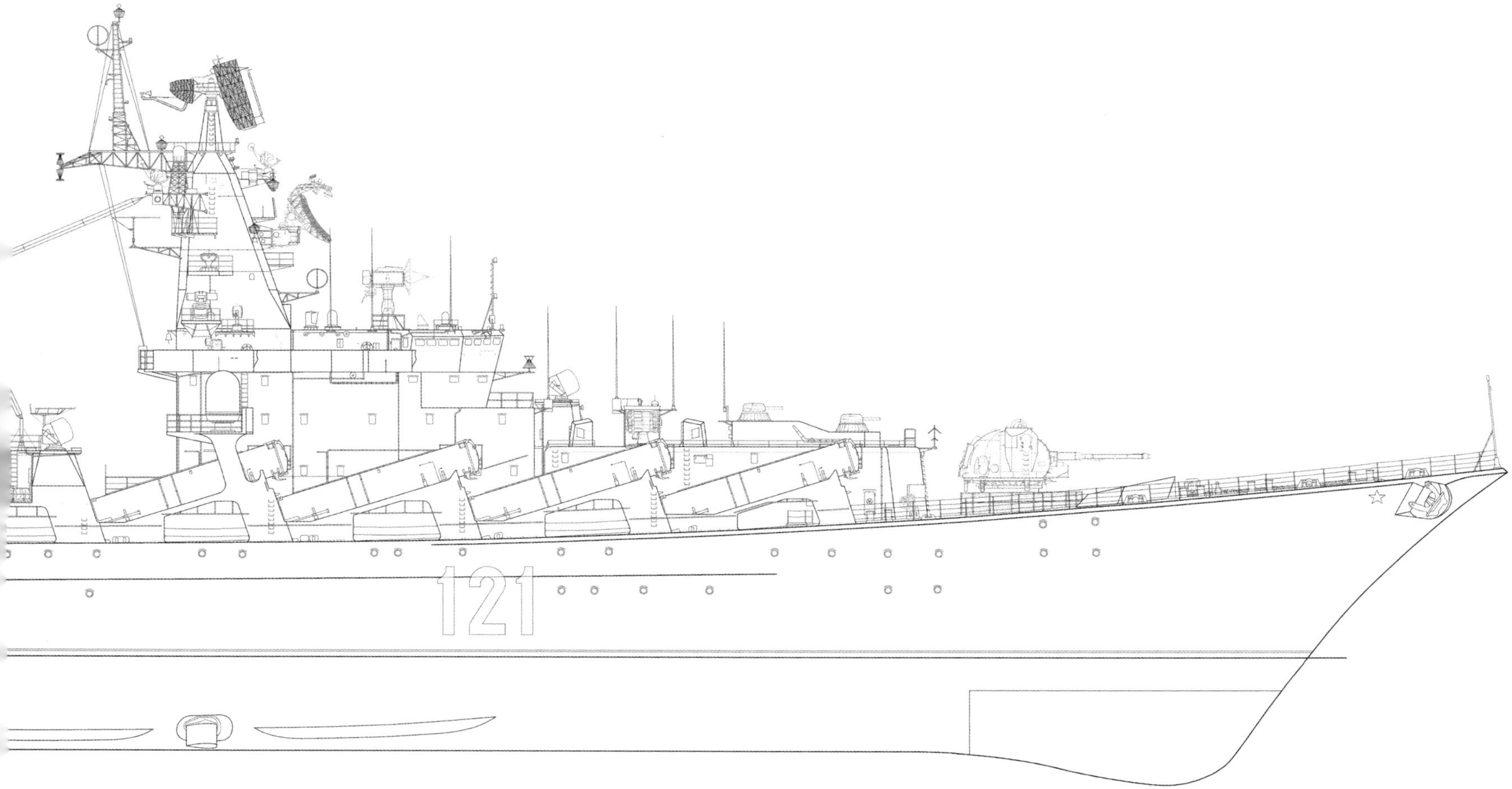

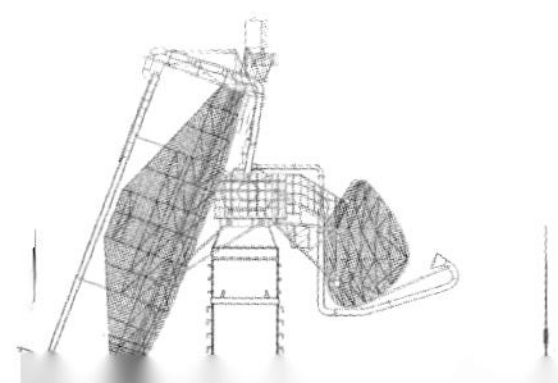

Missile cruiser "Moskva" as at year 1998, starboard view
Krążownik rakietowy „Moskwa" według stanu na rok 1998, widok z prawej burty

Missile cruiser "Moskva
Krążownik rakietowy „Moskwa" wedł

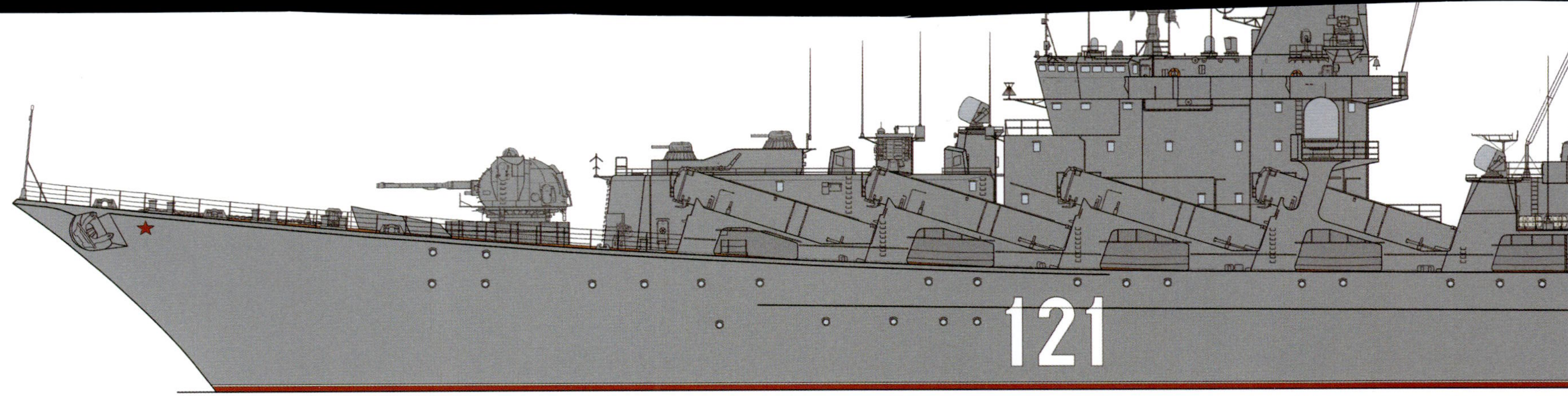

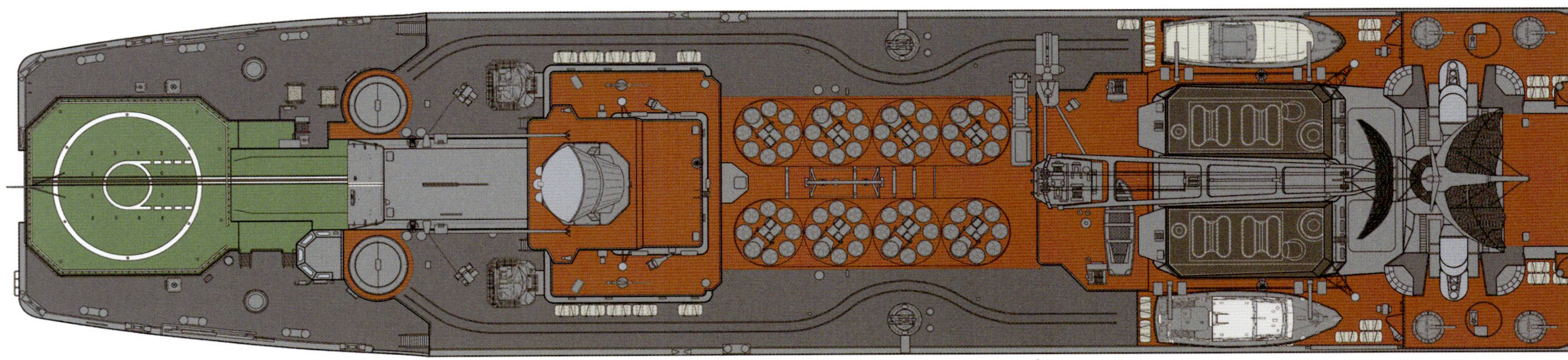

Missile cruiser "Moskva" a

Krążownik rakietowy „Moskwa" w

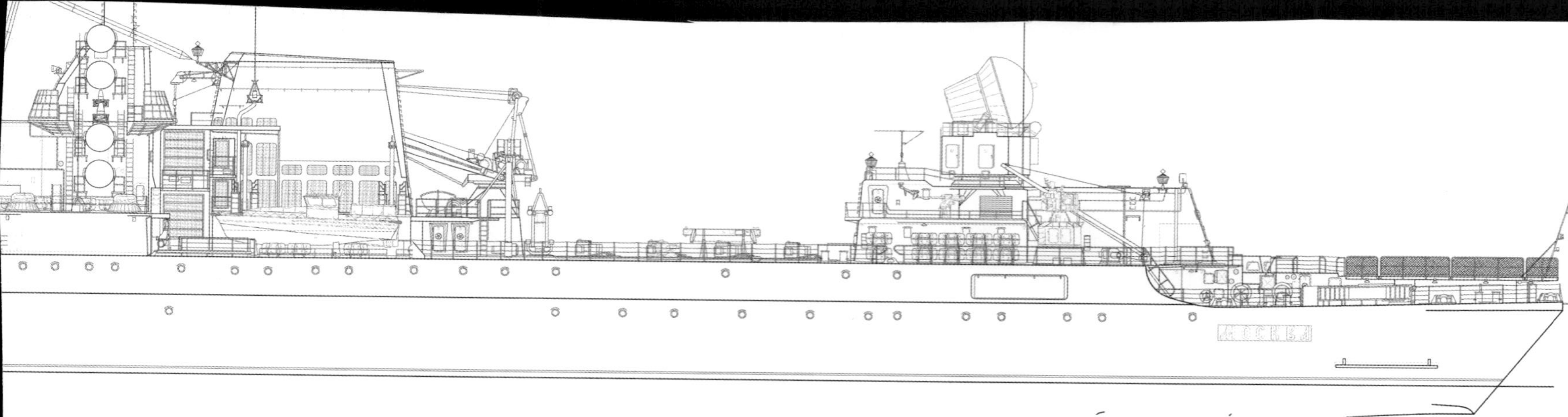

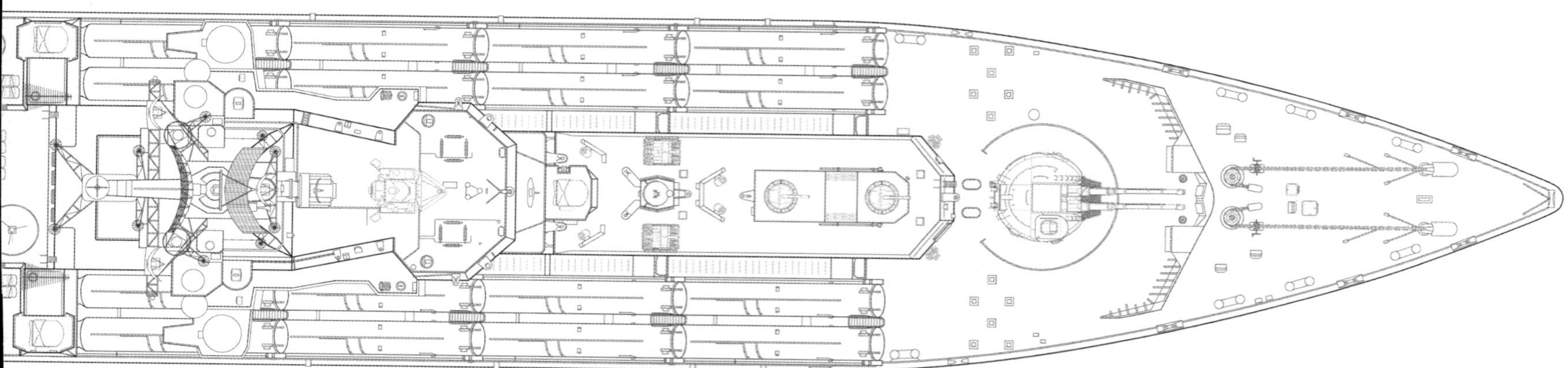

at year 1998, top view
g stanu na rok 1998, widok z góry

Scale/Skala 1:400

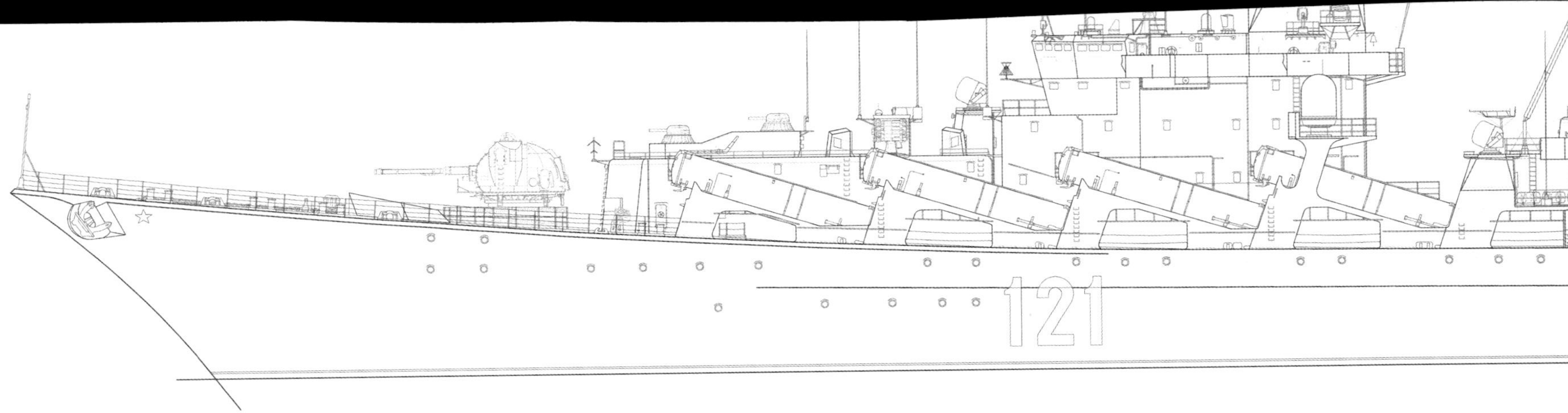

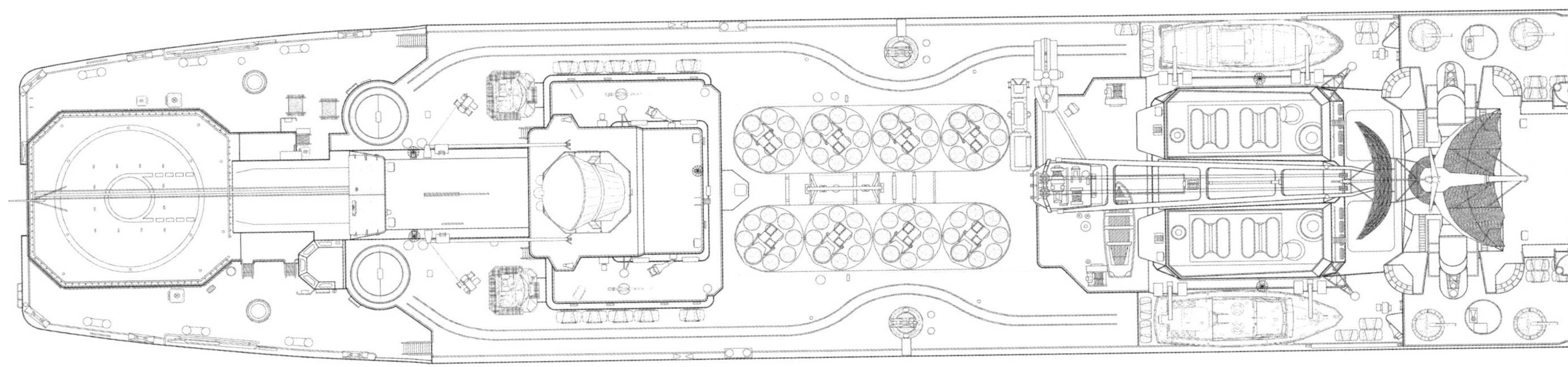

Missile cruiser "Moskva

Krążownik rakietowy „Moskwa" w

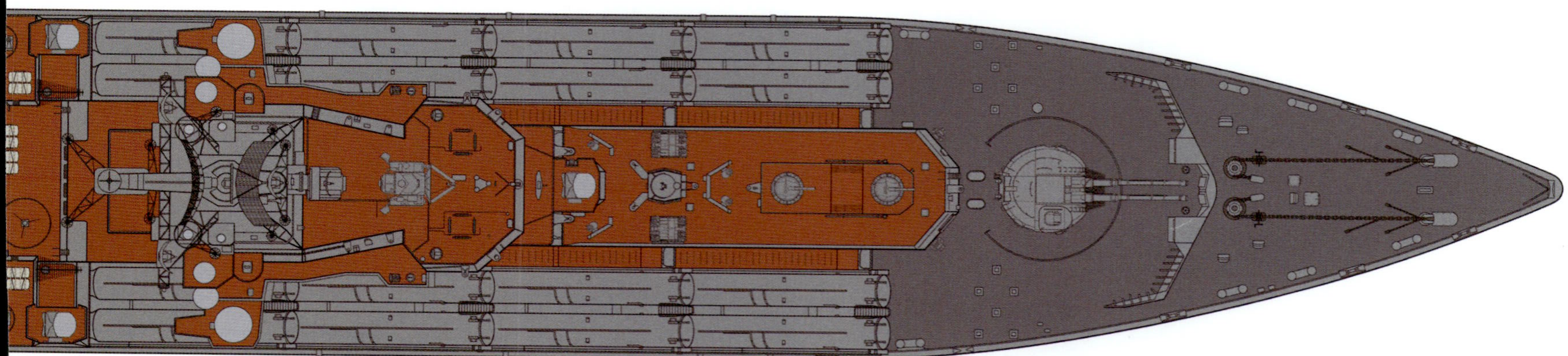

year 1998, port side view
g stanu na rok 1998, widok z góry

Scale/Skala 1:400

Sheet/Arkusz C

ard view
prawej burty

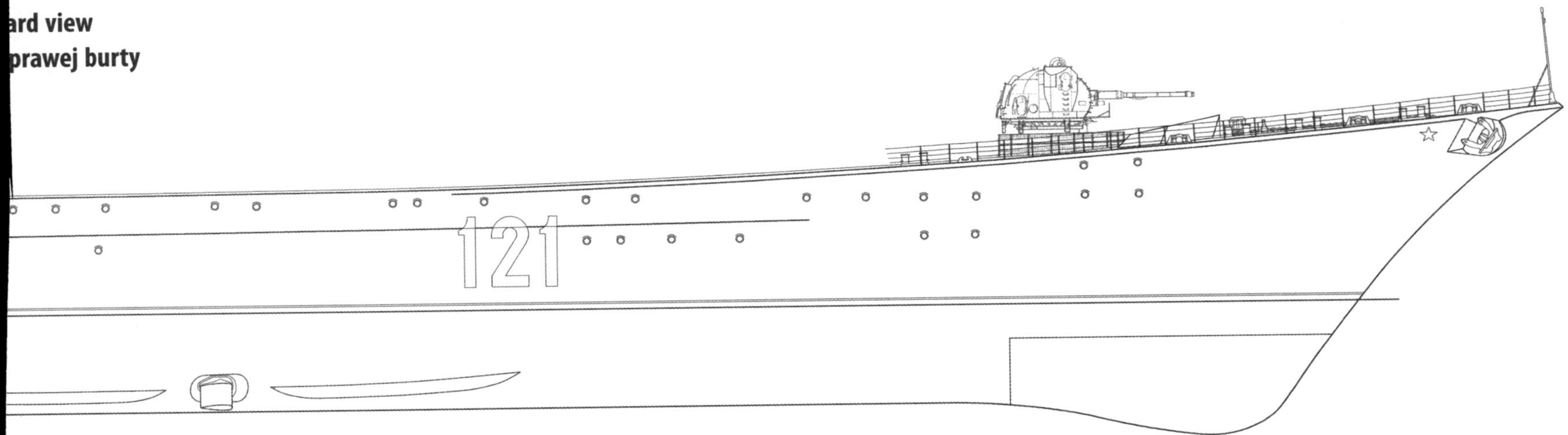

 view
lok z góry

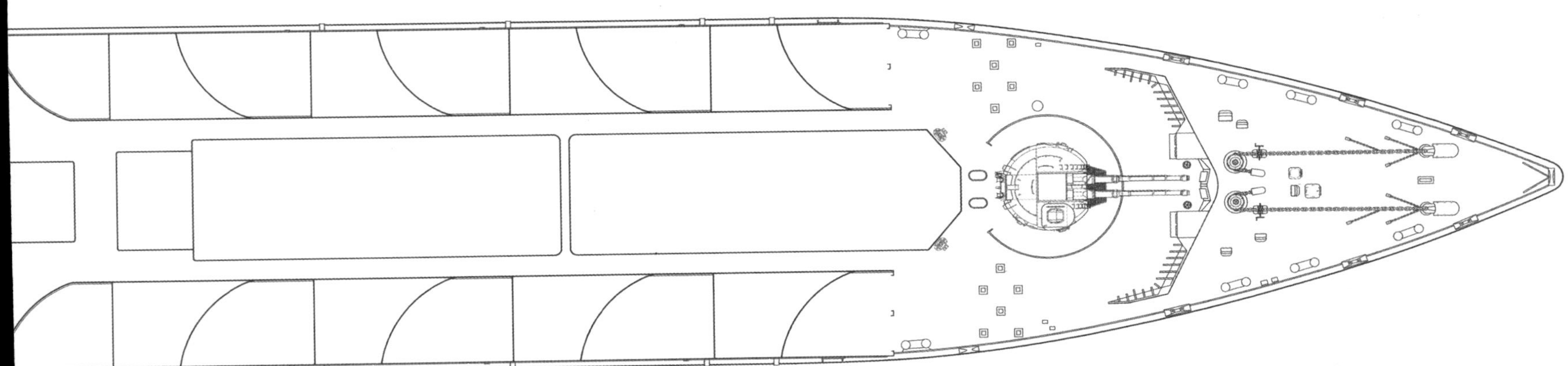

Missile cruiser "Slava" as

Krążownik rakietowy „Sława" według

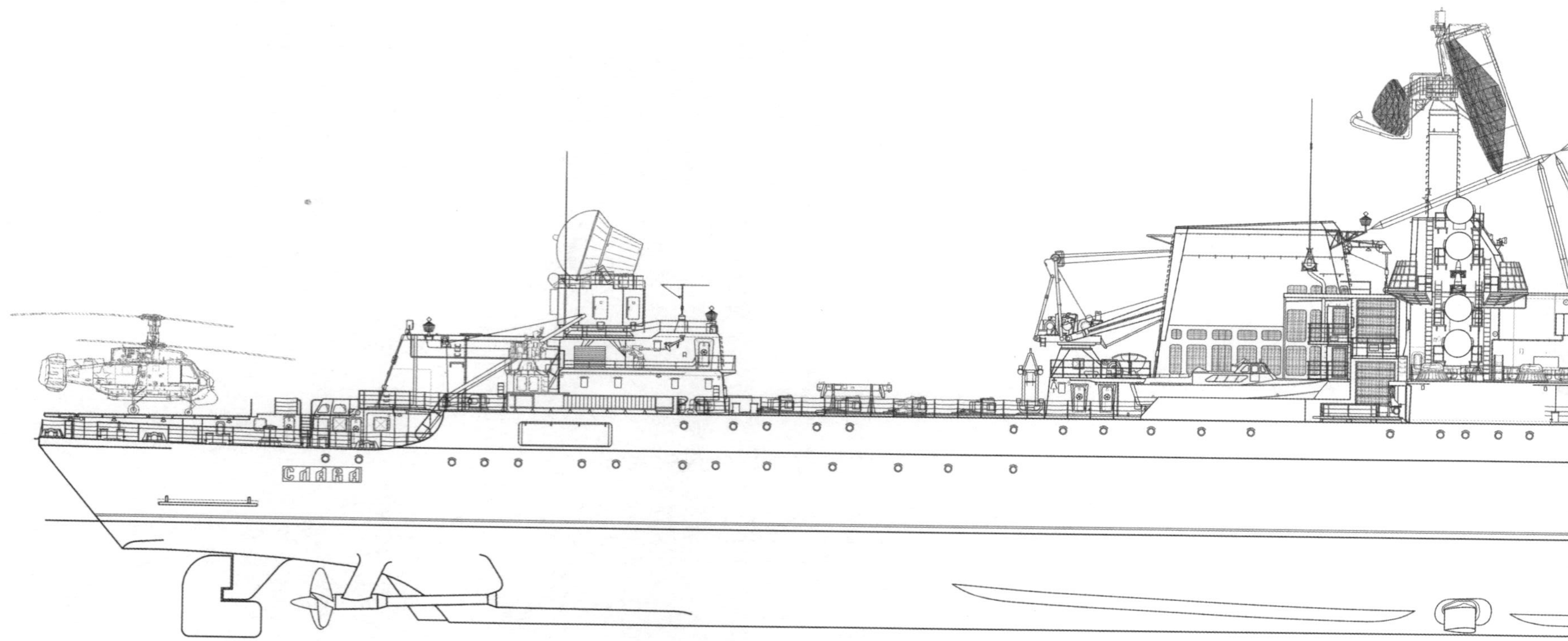

Sheet/Arkusz D

ear 1989, starboard view
nu na rok 1989, widok z prawej burty

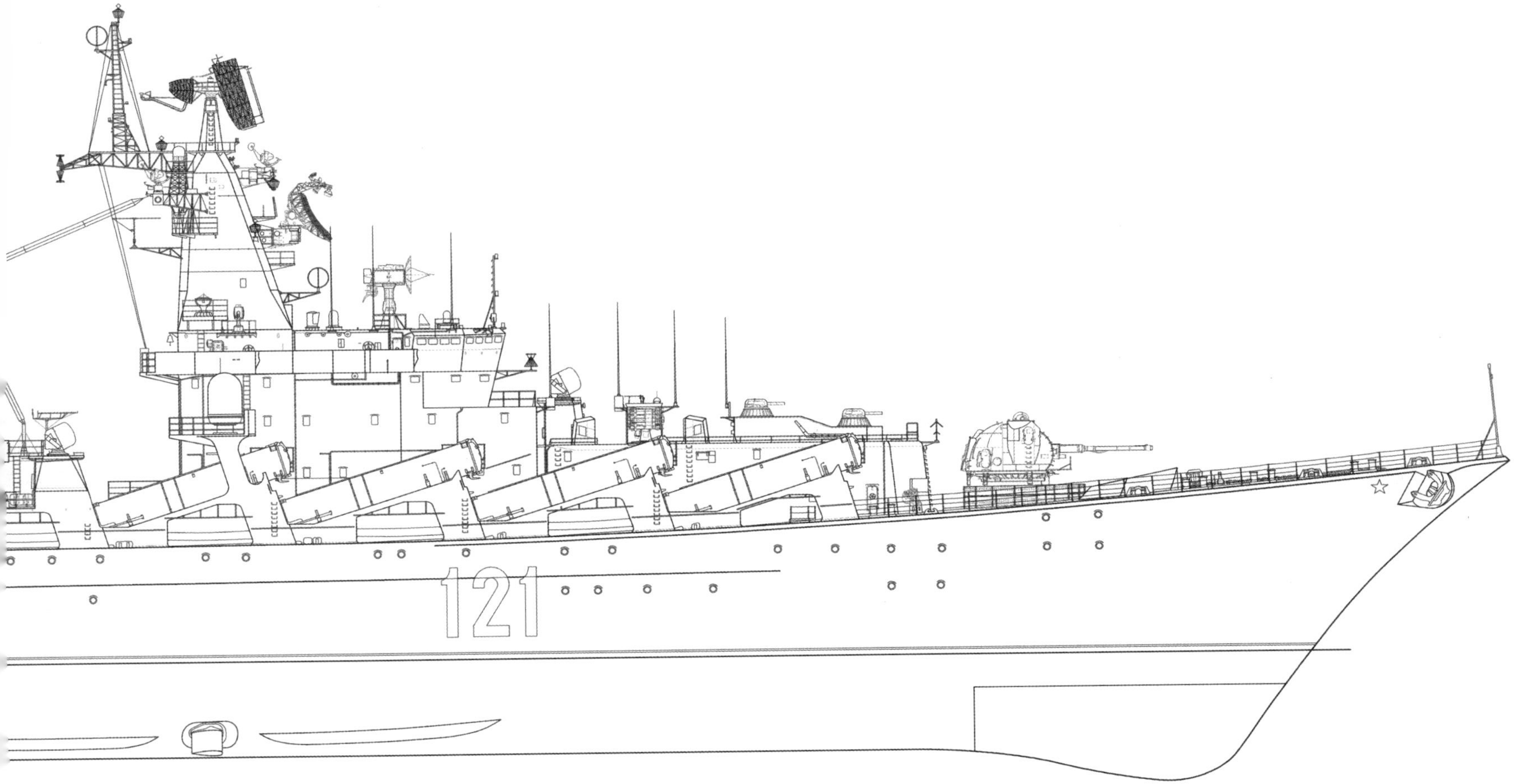

TOPDRAWINGS
Drawings/rysował: © Witold Koszela

Russian cruiser Moskva

Hull, sta
Kadłub, wido

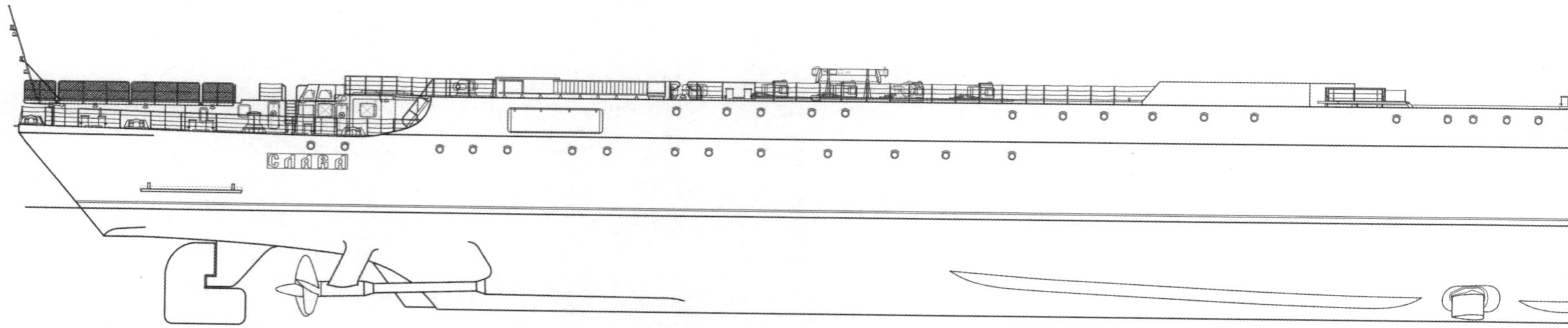

Hull, t
Kadłub, w

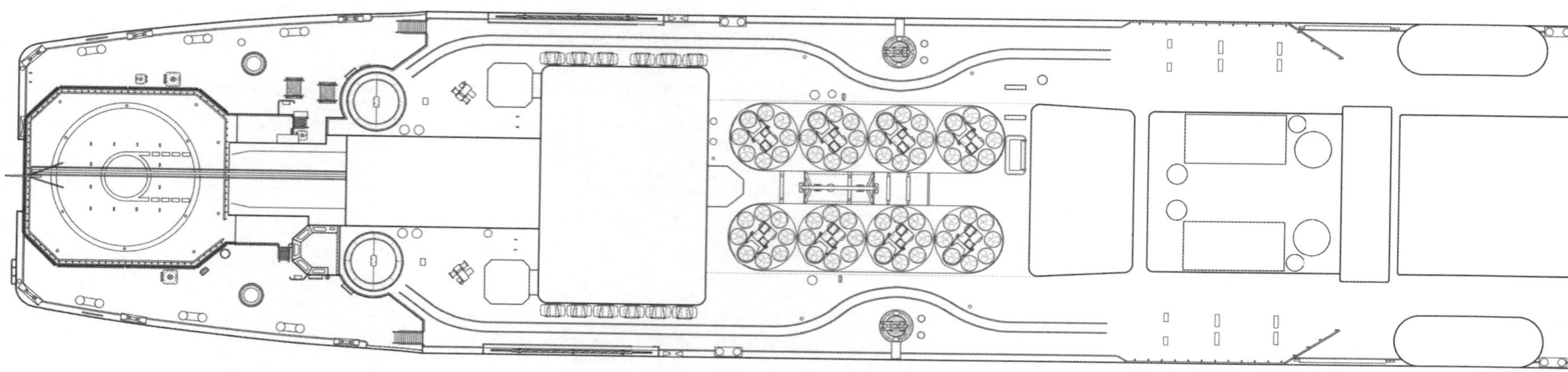

Important equ

Schemat ważniejs

1 – ZIF-122 launcher of the Osa-MA anti-aircraft system
2 – Osa-MA 4R33 target detection system
3 – 3R41 fire control device of the S-300F system
4 – The salutation gun
5 – B-204 starting blocks of the S-300F Fort anti-aircraft system
6 – ZIF-121 Phantom launcher
7 – Antennas of Kolco electronic warfare system
8 – Antennas of the Gurzuf radio-electronic warfare system
9 – Kremni-2M's friend or foe identification system
10 – Aerial of the MR-600 Voskhod aerial observation system
11 – Kremni-2M's friend or foe identification system
12 – AK-630M 30 mm cannons
13 – Antennas of the target detection system MR-123 Vympel
14 – ARP-50R radio finder antenna
15 – MR-212 Vaigath navigation radars
16 – Electro-optical fire control system
17 – Antenna of electronic warfare system
19 – Electronic warfare system antenna
20 – Surveillance system antenna
21 – Antennas of the general observation system MR-750 Fregat-MA
22 – Antenna of the MP-184 fire control system
23 – The blocks of the SM-248 launcher of the 4K80 Basalt system
24 – RBU-6000 depth rocket bomb launcher
25 – AK-130M cannon 130 mm

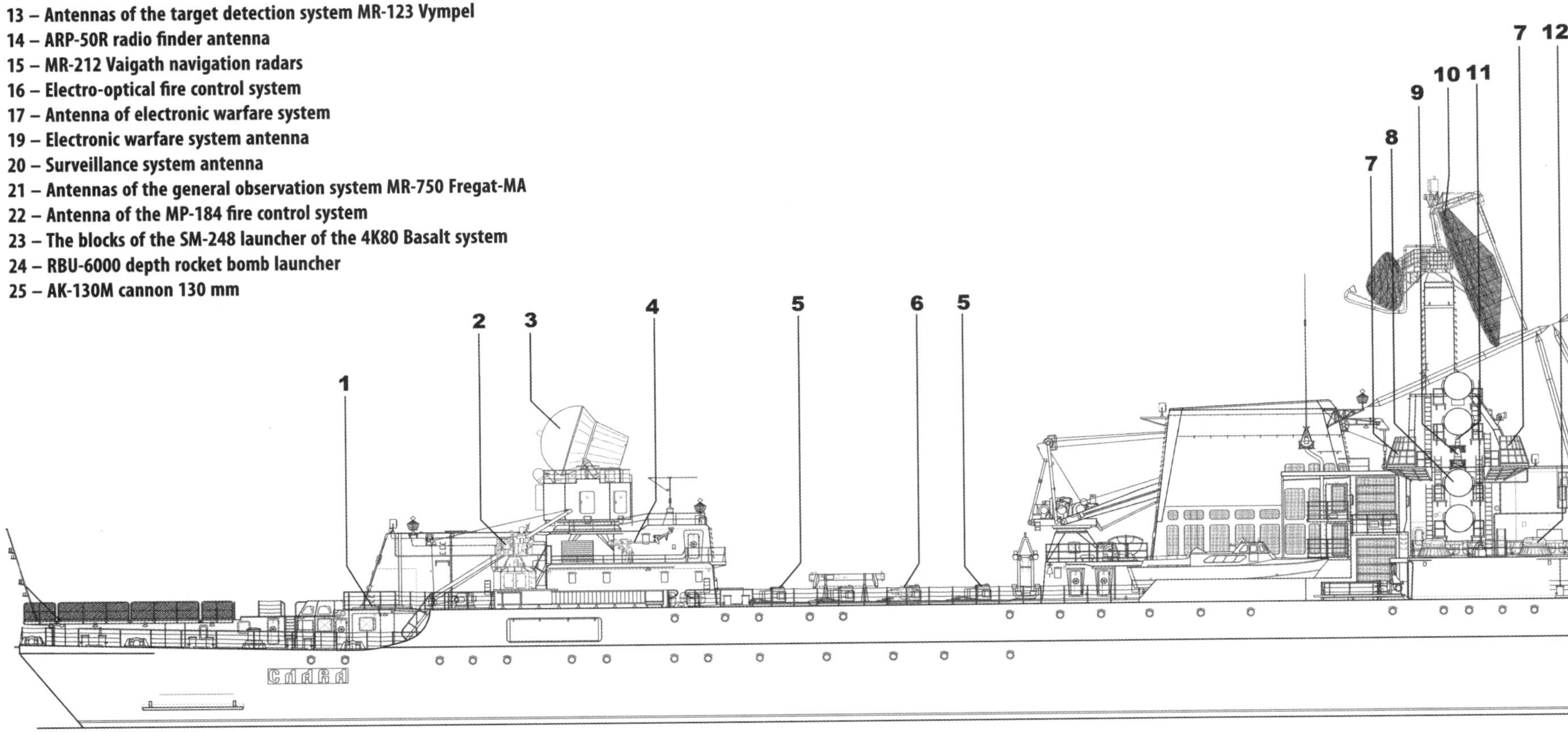

…, port side view
…tanu na rok 1989, widok z lewej burty

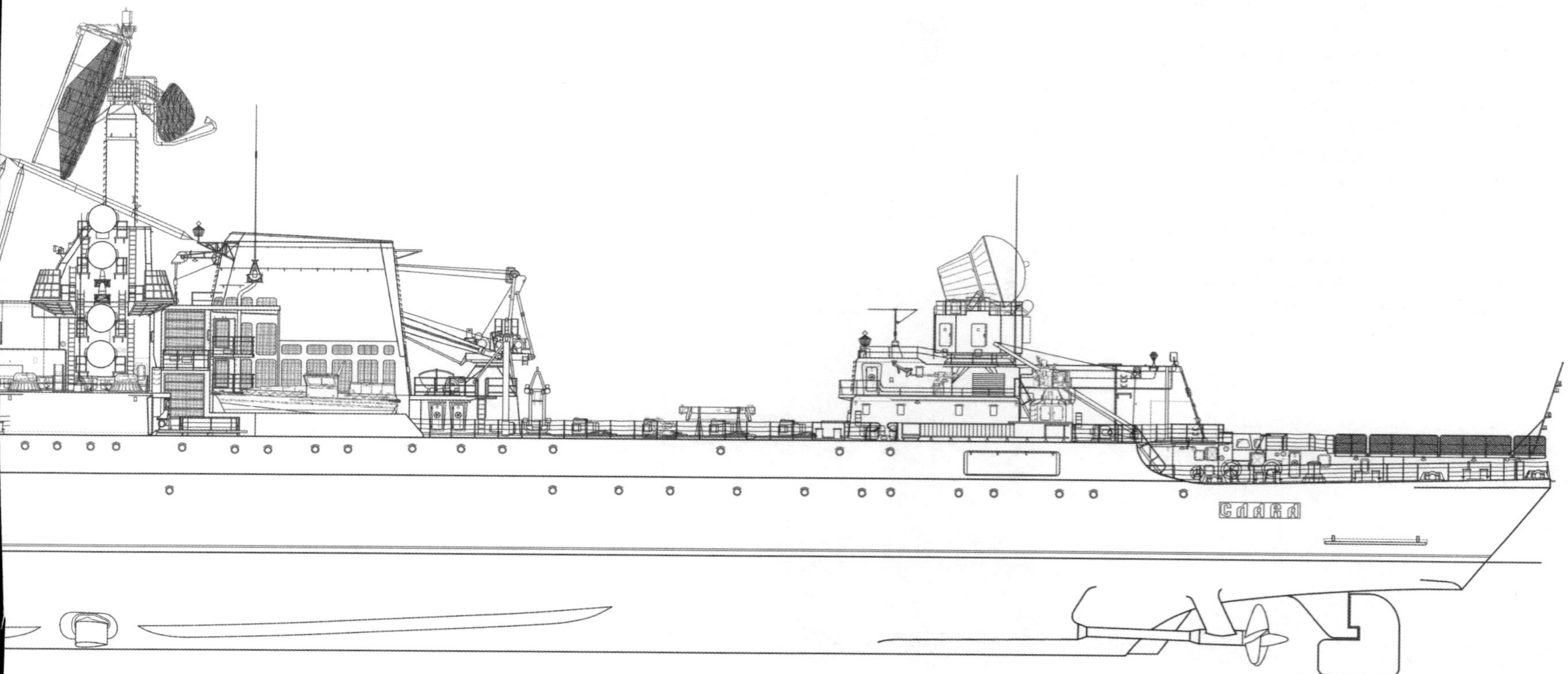

Scale/Skala 1:400

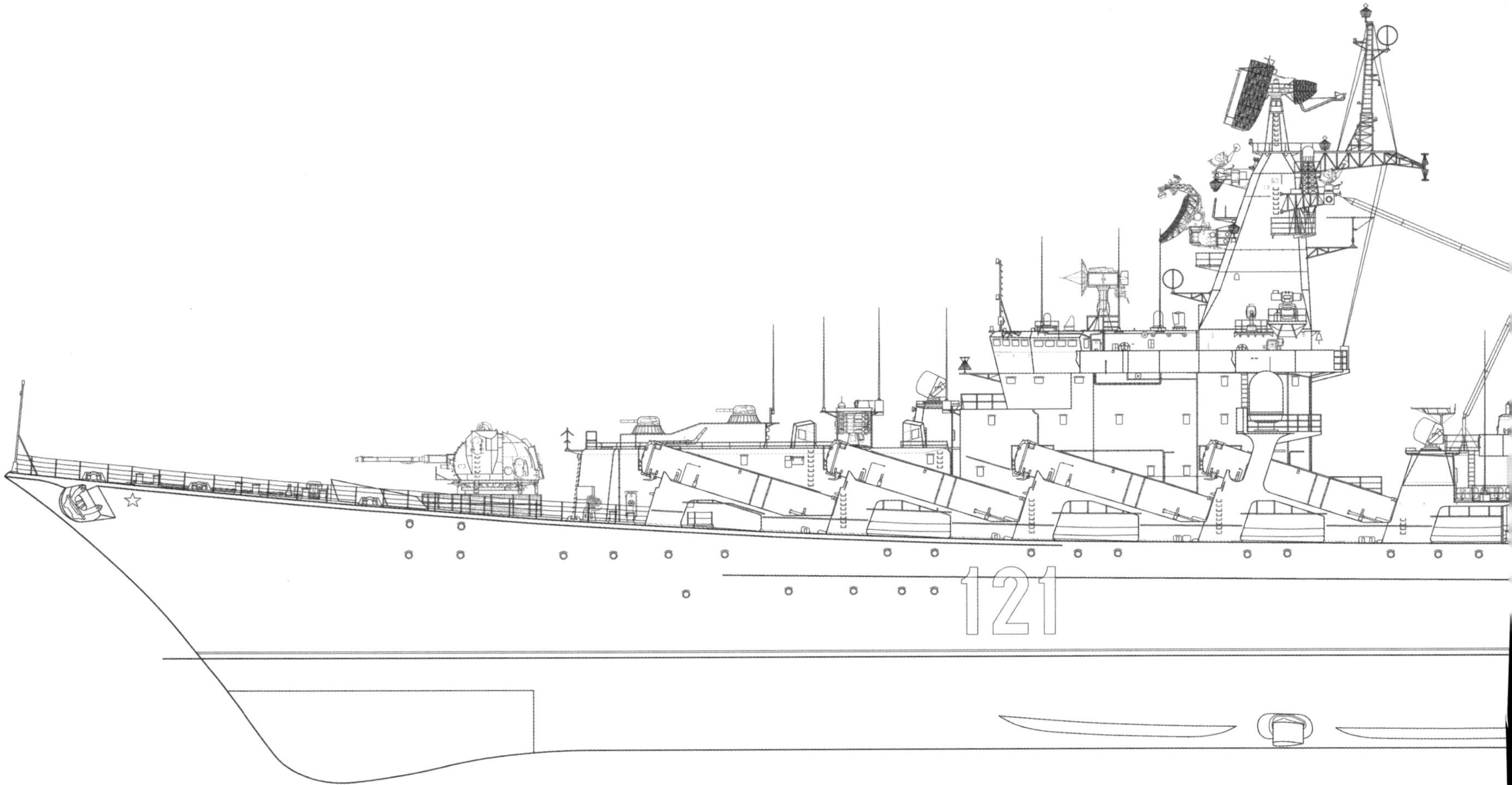
121

ment scheme
ego wyposażenia

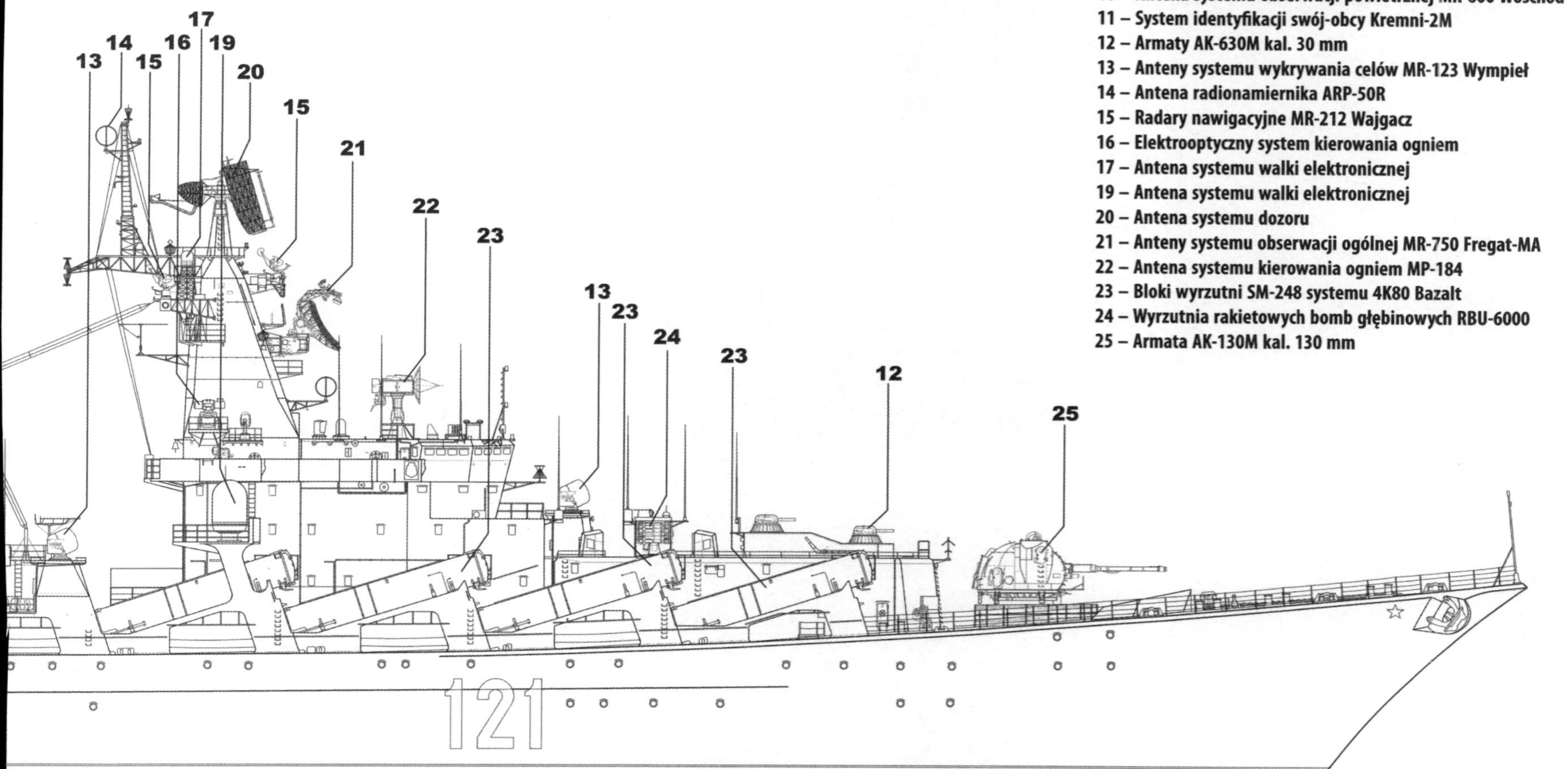

1 – Wyrzutnia ZIF-122 systemu przeciwlotniczego Osa-MA
2 – Zestaw wykrywania celów 4R33 systemu Osa-MA
3 – Zestaw kierowania ogniem 3R41 systemu S-300F
4 – Armata salutacyjna
5 – Bloki startowe B-204 systemu przeciwlotniczego S-300F Fort
6 – Wyrzutnie celów pozornych ZIF-121
7 – Anteny systemu walki elektronicznej Kolco
8 – Anteny systemu walki radio-elektronicznej Gurzuf
9 – System identyfikacji swój-obcy Kremni-2M
10 – Antena systemu obserwacji powietrznej MR-600 Woschod
11 – System identyfikacji swój-obcy Kremni-2M
12 – Armaty AK-630M kal. 30 mm
13 – Anteny systemu wykrywania celów MR-123 Wympieł
14 – Antena radionamiernika ARP-50R
15 – Radary nawigacyjne MR-212 Wajgacz
16 – Elektrooptyczny system kierowania ogniem
17 – Antena systemu walki elektronicznej
19 – Antena systemu walki elektronicznej
20 – Antena systemu dozoru
21 – Anteny systemu obserwacji ogólnej MR-750 Fregat-MA
22 – Antena systemu kierowania ogniem MP-184
23 – Bloki wyrzutni SM-248 systemu 4K80 Bazalt
24 – Wyrzutnia rakietowych bomb głębinowych RBU-6000
25 – Armata AK-130M kal. 130 mm

Scale/Skala 1:400

Witold Koszela

Russian cruiser Moskva

The Russian missile cruiser "Moskva", until 1995 called "Slava", was the first unit of a very interesting type of ship of the project 1164, characterized by, inter alia, 16 anti-ship missile launchers set inclined in the bow section. Project 1164 missile cruisers, which, apart from "Moskva", also include "Varyag" (ex-"Red Ukraine"), "Marshal Ustinov" (ex-"Admiral Lobov") and "Ukraine" (ex-"Komsomolets", ex-"Fleet Admiral Lobov"), when they entered service, were considered to be among the best in their class. They had enormous firepower, and thanks to their technologically advanced missiles, they were called "aircraft carrier killers", due to their primary purpose, which was to destroy American aircraft carriers.

The main armament of the ships is 16 P-500 "Basalt" anti-ship missile launchers, later adapted to fire P-700 "Vulkan" missiles, and eight S-300F "Fort" long-range vertical rocket launchers. Additionally, the ship was equipped with two "Osa-MA" anti-aircraft missile launchers. The artillery armament was a double-barrel turret with 130 mm AK-130 cannons and six 30 mm AK-630M multi-barrel cannons. The submarine weapons consisted of two 533 mm five-tube torpedo tubes and two RBU-6000 12-tube rocket launchers. Additionally, the Kamov Ka-27PL deck helicopter could be used to fight submarines at long distances.

The standard displacement of the ship was 9,300 tons, and the full displacement was 11,300 tons. Overall length was 186 m, 170 m on the waterline, 20.8 m wide, and the draft was 8.4 m. The drive was combined in a COGOG (Combined Gas Turbine or Gas Turbine) system and operated on two propellers. Peak power was driven by two sets including a total of four gas turbines with a total capacity of 110,000 KM, which allowed the maximum speed to be 32.5 knots.

"Moskva" was built in the Shipyard. 61 Kommunar in Mykolaiv. The keel was laid on November 5, 1976, the ship was launched on July 27, 1979, and entered service on December 30, 1982. Originally it was called "Slava", with the tactical number 126 on its side, which was later changed to 108, 106 and 121.

After entering service and the end of the existence of the Soviet Union, the cruiser was organisationally subordinate to the Black Sea Fleet based in Sevastopol. At that time, she made several cruises, including Mediterranean waters, following the movements of NATO ships. The ship also operated in North Atlantic waters and participated in countless exercises and manoeuvres in the fleet.

From 1991 to 1998, the cruiser underwent a medium repair. After the collapse of the USSR and the division of the Black Sea Fleet, it was taken over by the Russian Navy, changing its name to "Moskva" in May 1995. Since then, the cruiser became the flagship of the Black Sea Fleet and continued to operate in the waters of the Black Sea and the Mediterranean Sea.

In 2003, the President of Russia, Vladimir Putin, and the Prime Minister of Italy, Silvio Berlusconi, met on board of "Moskva" in the Mediterranean Sea. In 2008, the cruiser participated in the Russian attack on Georgia, and in 2014 in the capture of Crimea. A year later, it also conducted operational activities off the coast of Syria.

Rosyjski krążownik rakietowy „Moskwa", noszący do 1995 roku nazwę „Sława", był pierwszą jednostką z bardzo ciekawego typu okrętów projektu 1164 charakteryzujących się m.in. ustawionymi skośnie w części dziobowej 16 wyrzutniami rakiet przeciwokrętowych. Krążowniki rakietowe projektu 1164, do których prócz „Moskwy" należą także „Wariag" (eks-„Czerwona Ukraina"), „Marszałek Ustinow" (eks-„Admirał Łobow") oraz „Ukraina" (eks-„Komsomolec", eks-„Admirał Floty Łobow"), w chwili wejścia do służby uchodziły za jedne z najlepszych w swej klasie. Dysponowały ogromną siła ognia, a dzięki zaawansowanym technologicznie rakietom nazywano je „zabójcami lotniskowców", co miało związek z ich głównym przeznaczeniem, jakim miało być niszczenie amerykańskich lotniskowców.

Podstawowe uzbrojenie okrętów to 16 wyrzutni rakiet przeciwokrętowych P-500 „Bazalt", dostosowanych później także do strzelania pociskami P-700 „Wulkan", oraz osiem pionowych wyrzutni rakiet dalekiego zasięgu S-300F „Fort". Dodatkowo okręt wyposażony był w dwie wyrzutnie rakiet przeciwlotniczych „Osa-MA". Uzbrojenie artyleryjskie stanowiła dwulufowa wieża z armatami kal. 130 mm AK-130 oraz sześć działek wielolufowych kalibru 30 mm AK-630M. Na broń podwodną składały się dwie pięciorurowe wyrzutnie torpedowe kal. 533 mm oraz dwie dwunastoprowadnicowe wyrzutnie rakietowych bomb głębinowych RBU-6000. Dodatkowo do zwalczania okrętów podwodnych na dużych odległościach mógł być wykorzystywany śmigłowiec pokładowy Kamow Ka-27PŁ.

Wyporność standardowa okrętu wynosiła 9300 t, a pełna 11 300 ton. Długość całkowita wynosiła 186 m, na linii wodnej 170 m, szerokość 20,8 m, a zanurzenie 8,4 metra. Napęd był kombinowany w układzie COGOG (ang. Combined Gas Turbine or Gas Turbine) i pracował na dwie śruby napędowe. Napęd mocy szczytowej stanowiły dwa zespoły obejmujące łącznie cztery turbiny gazowe o mocy łącznej 110 000 KM, co pozwalało na osiąganie prędkości maksymalnej 32,5 węzła.

„Moskwa" zbudowany został w Stoczni im. 61 Kommunara w Mikołajewie. Stępkę położono 5 listopada 1976 roku, okręt zwodowano 27 lipca 1979 roku, a do służby wszedł 30 grudnia 1982 roku. Pierwotnie nosił nazwę „Sława", mając na burcie wymalowany numer taktyczny 126, który później zmieniono na 108, 106 i 121.

Po wejściu do służby i okresie istnienia Związku Radzieckiego krążownik podporządkowany był organizacyjnie do Floty Czarnomorskiej z bazą w Sewastopolu. W tamtym czasie odbył szereg rejsów po m.in. wodach Morza Śródziemnego, śledząc ruchy okrętów NATO. Okręt operował także na wodach północnego Atlantyku i uczestniczył w niezliczonej ilości ćwiczeń i manewrów floty.

W latach 1991–1998 krążownik przeszedł remont średni. Po upadku ZSRR i podziale Floty Czarnomorskiej został przejęty przez marynarkę wojenną Rosji, zmieniając w maju 1995 roku nazwę na „Moskwa". Od tego czasu krążownik stał się okrętem flagowym Floty Czarnomorskiej i dalej operował na wodach Morza Czarnego i Śródziemnego.

W 2003 roku na jego pokładzie na Morzu Śródziemnym doszło do spotkania prezydenta Rosji Władimira Putina z premierem Włoch Silvio Berlusconim. W 2008 roku krążownik uczestniczył w rosyjskim ataku na Gruzję, a w 2014 roku w zajęciu Krymu. Rok później prowadził także działania operacyjne u wybrzeży Syrii.

Russian cruiser Moskva • Witold Koszela
First edition / Wydanie pierwsze • LUBLIN 2022 • ISBN 978-83-65437-84-6

Translation / Tłumaczenie: **Stanisław Powała-Niedźwiecki** • Color profiles / Plansze barwne: **Witold Koszela** • Scale drawings / Rysunki techniczne: **Witold Koszela** • Design: **KAGERO STUDIO**

Distribution / Dystrybucja: Kagero Publishing • www.kagero.pl • e-mail: kagero@kagero.pl, marketing@kagero.pl
Editorial Office, Marketing / Redakcja, Marketing: Kagero Publishing, ul. Akacjowa 100, os. Borek, Turka, 20-258 Lublin 62, Poland, phone/fax +48 81 501 21 05

"Moskva" gained its "fame" thanks to the spectacular sinking which took place during the hostilities during the Russian invasion of Ukraine in 2022. After she fired on Snake Island on February 24, whose personnel refused to lay down their arms, on April 13, 2022, around 19.00 she was hit by two anti-ship missiles. At that time, approximately 60 nautical miles south of Odessa, the cruiser was badly damaged. A fire broke out and ammunition exploded.

The damaged ship was tried to be towed to the nearest port, but eventually, she sank the next day. Officially, the Ministry of Défense of the Russian Federation has not confirmed that the cause of the ship's sinking was an attack by Ukrainian forces, announcing that the ship "sank in a storm".

Basic tactical and technical data

Shipyard: 61st Kommunar, Mykolaiv
Name: "Slava" (1982–1995), "Moskva" (1995–2022)
Keel laying: November 5, 1976
Launch: July 27, 1979
Entry into service: December 30, 1982
Sinking: April 14, 2022
Twin units: "Marshal Ustinov" (ex-"Fleet Admiral Lobov"), "Varyag" (ex-"Red Ukraine"), "Ukraine" (ex-"Komsomolets", ex-"Fleet Admiral Lobov")
Standard displacement: 9,300 tons
Full displacement: 11,300 t
Length: 186.0 m
Width: 20.8 m
Draft: 8.4 m
Drive: 2 sets of turbines working through the shaft lines on one propeller, consisting of a 10,000 hp M-70 gas turbine, 2 M-8KF peak gas turbines with a capacity of 27,500 hp each and a parking turbine with a capacity of 6,000 hp
Maximum speed: 32.5 knots
Economic speed: 18 knots
Range: 2,200 nm at 32.5 knots, 8,070 nm at 18 knots.
Crew: 485 officers and sailors
Missile armament: 8 × II SM-248 launcher blocks for 16 P-500 anti-ship missiles of the 4K80 "Bazalt" system, P-700 "Vulkan", 8 B-204 starting blocks of the S-300F "Fort" anti-aircraft system. For 5W55RM 2 × II rockets, ZIF-122 of the "Osa-MA" anti-aircraft system for 9M33 rockets
Artillery armament: 1 AK-130M gun, calibre 130 mm, 6 guns AK-630M calibres 30 mm Underwater armament: 2 × V torpedo tubes DTA-53-1164 calibres 533 mm 2 × XVI RBU-6,000 depth rocket launchers
Aviation equipment: Kamov Ka-27 helicopter

Moskwa swoją „sławę" zyskał dzięki spektakularnemu zatonięciu, do jakiego doszło podczas działań wojennych podczas rosyjskiej inwazji na Ukrainę w 2022 roku. Po tym jak 24 lutego ostrzelał Wyspę Węży, której personel odmówił złożenia broni, 13 kwietnia 2022 roku około godz. 19.00 został trafiony dwoma pociskami przeciwokrętowymi. Znajdujący się w tym czasie około 60 mil morskich na południe od Odessy krążownik został poważnie uszkodzony. Wybuchł pożar i doszło do eksplozji amunicji. Uszkodzoną jednostkę próbowano odholować do najbliższego portu, ale ostatecznie okręt zatonął następnego dnia. Oficjalnie Ministerstwo Obrony Federacji Rosyjskiej nie potwierdziło, że przyczyną zatonięcia okrętu był atak sił ukraińskich, podając do wiadomości, że okręt „zatonął w warunkach sztormu".

Podstawowe dane taktyczno-techniczne

Stocznia: im. 61 Kommunara, Mikołajów
Nazwa: „Sława" (1982–1995), „Moskwa" (1995–2022)
Data położenia stępki: 5 listopada 1976 roku
Data wodowania: 27 lipca 1979 roku
Data wejścia do służby: 30 grudnia 1982 roku
Data zatopienia: 14 kwietnia 2022 roku
Jednostki bliźniacze: „Marszał Ustinow" (eks-„Admirał Floty Łobow"), „Wariag" (eks-„Czerwona Ukraina"), „Ukraina" (eks-„Komsomolec", eks-„Admirał Floty Łobow")
Wyporność standardowa: 9300 t
Wyporność pełna: 11 300 t
Długość: 186,0 m
Szerokość: 20,8 m
Zanurzenie: 8,4 m
Napęd: 2 zespoły turbin pracujących poprzez linie wałów na jedną śrubę napędową składające się z turbiny gazowej marszowej M-70 o mocy 10 000 KM, 2 turbin gazowych szczytowych M-8KF o mocy 27 500 KM każda i turbiny postojowej o mocy 6000 KM
Prędkość maksymalna: 32,5 węzła
Prędkość ekonomiczna: 18 węzłów
Zasięg: 2200 Mm przy prędkości 32,5 w., 8070 Mm przy prędkości 18 w.
Załoga: 485 oficerów i marynarzy
Uzbrojenie rakietowe: 8 × II bloki wyrzutni SM-248 dla 16 rakiet przeciwokrętowych P-500 systemu 4K80 „Bazalt", P-700 „Wulkan", 8 bloków startowych B-204 systemu przeciwlotniczego S-300F „Fort". Dla rakiet 5W55RM 2 × II wyrzutnie ZIF-122 systemu przeciwlotniczego „Osa-MA" dla rakiet 9M33
Uzbrojenie artyleryjskie: 1 armata AK-130M kal. 130 mm, 6 armat AK-630M kal. 30 mm Uzbrojenie podwodne: 2 × V wyrzutnie torpedowe DTA-53-1164 kal. 533 mm 2 × XVI wyrzutnie rakietowych bomb głębinowych RBU-6000
Wyposażenie lotnicze: śmigłowiec Kamow Ka-27

Frames cross-sections
Przekroje wręgowe

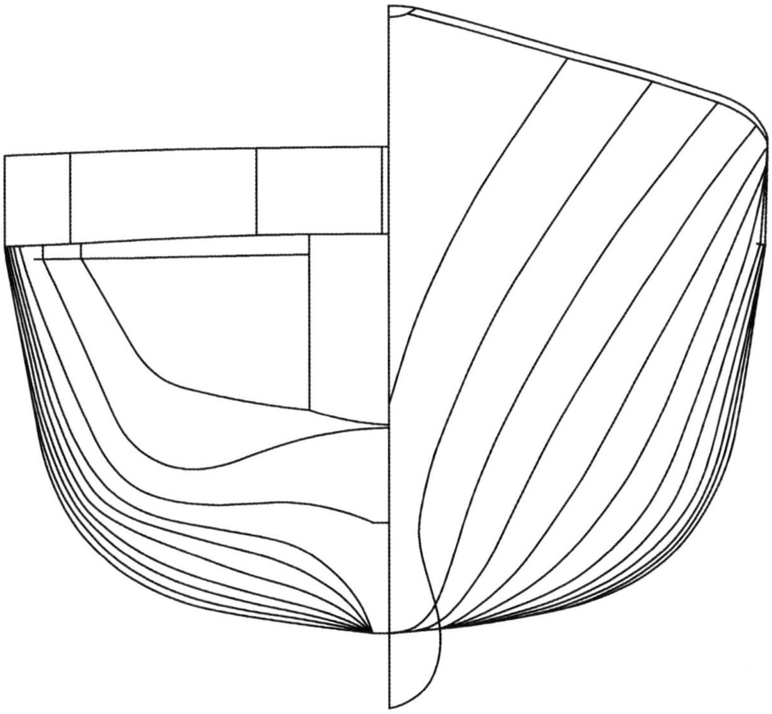

Hull cross-section near the hangar area, torpedo launchers
Przekrój kadłuba w rejonie hangaru, wyrzutnie torped

Scale/Skala: 1:200

Bow deck
Pokład dziobowy

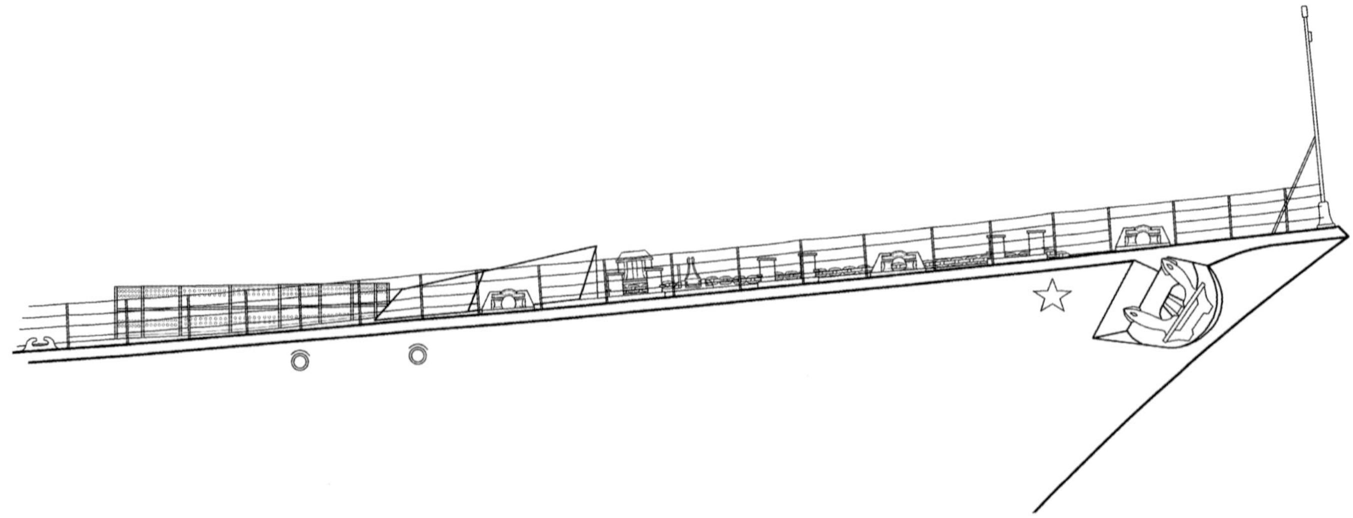

Starboard view
Widok z prawej burty

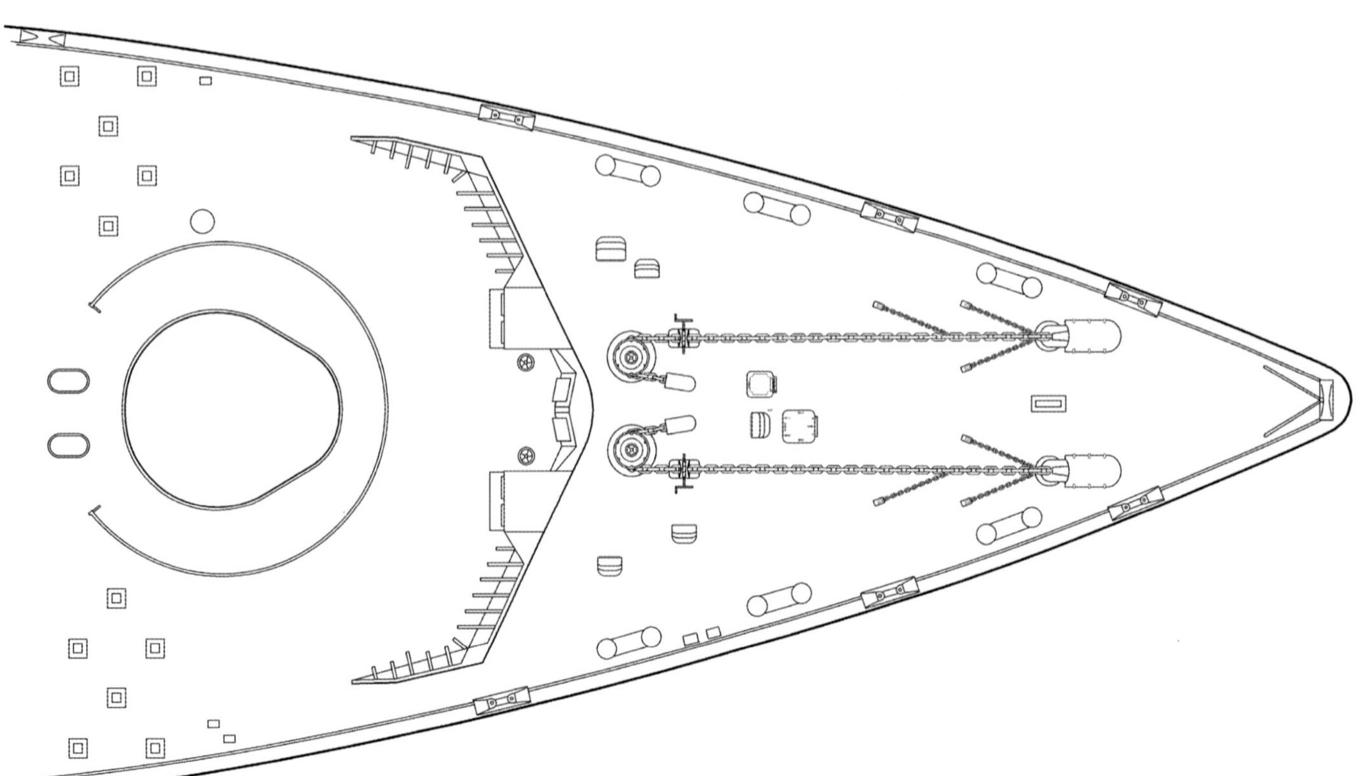

Top view
Widok z góry

Scale/Skala: 1:200

Stern deck
Pokład rufowy

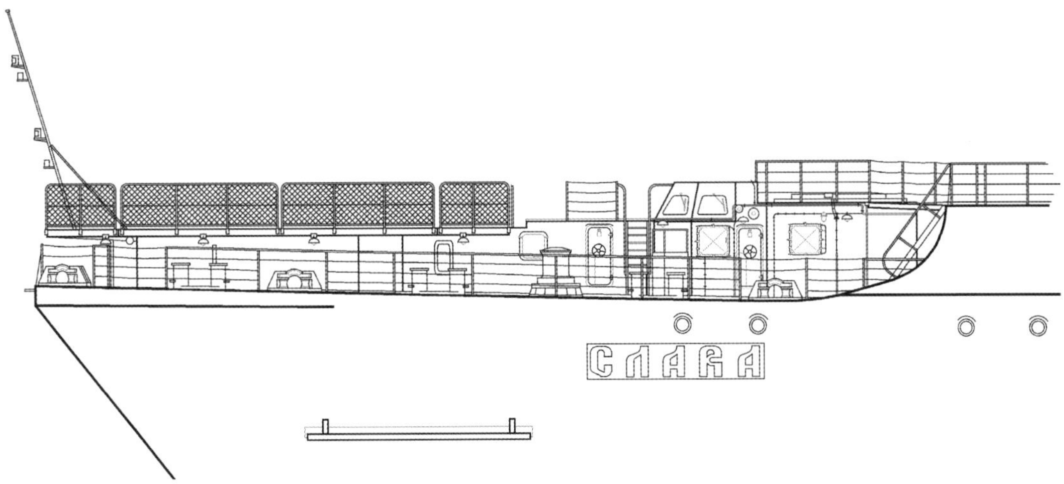

Starboard view
Widok z prawej burty

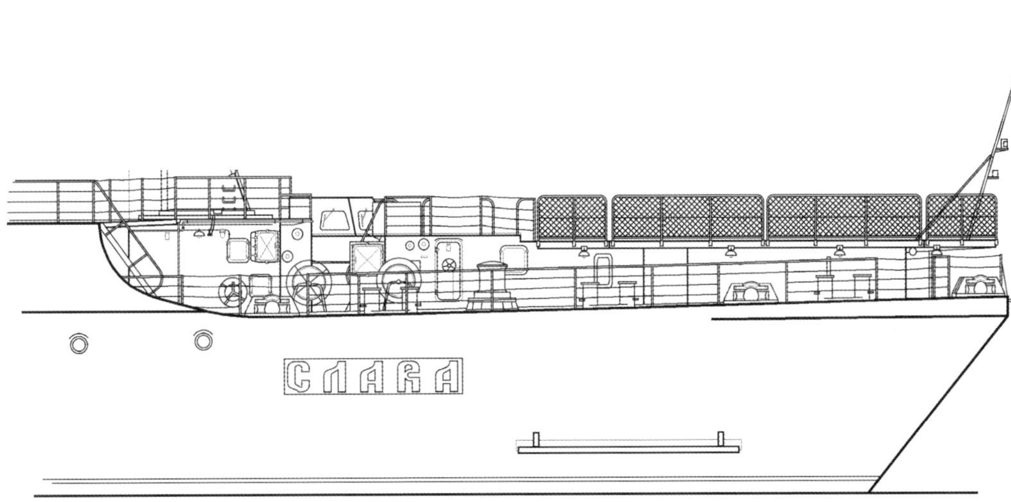

Port side view (superstructure removed)
Widok z lewej burty (nadbudowa zdjęta)

Scale/Skala: 1:200

Stern deck
Pokład rufowy

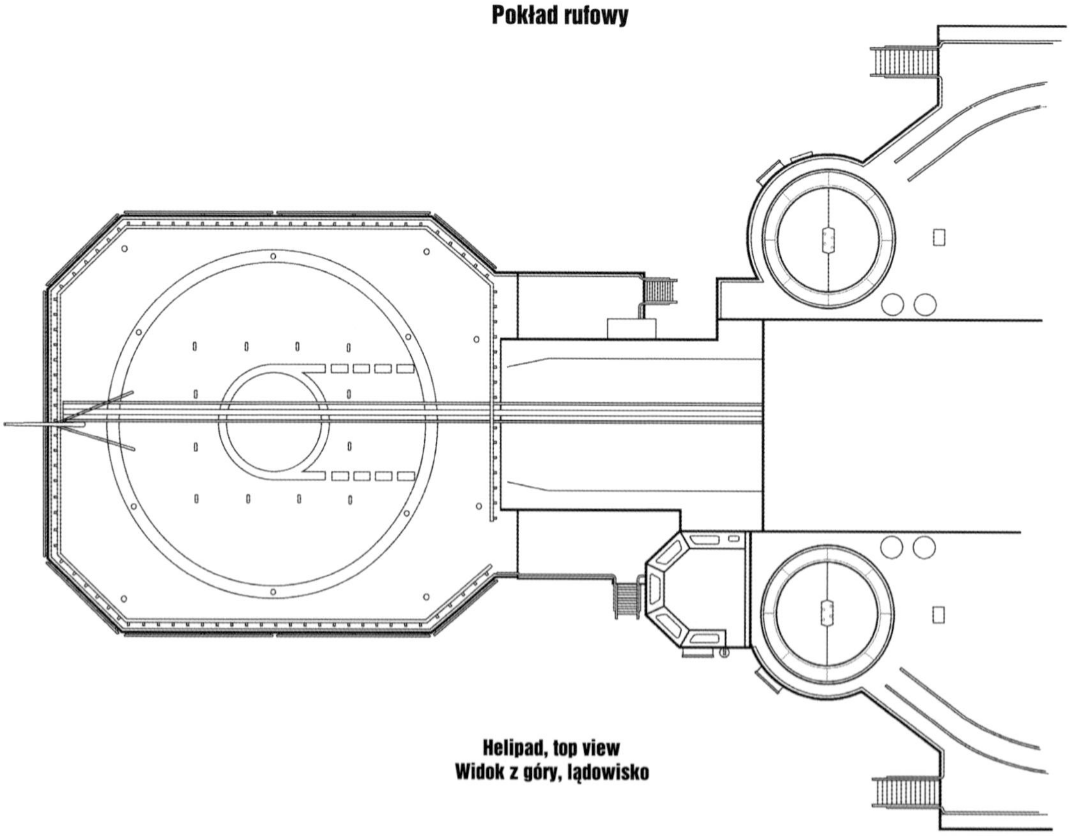

Helipad, top view
Widok z góry, lądowisko

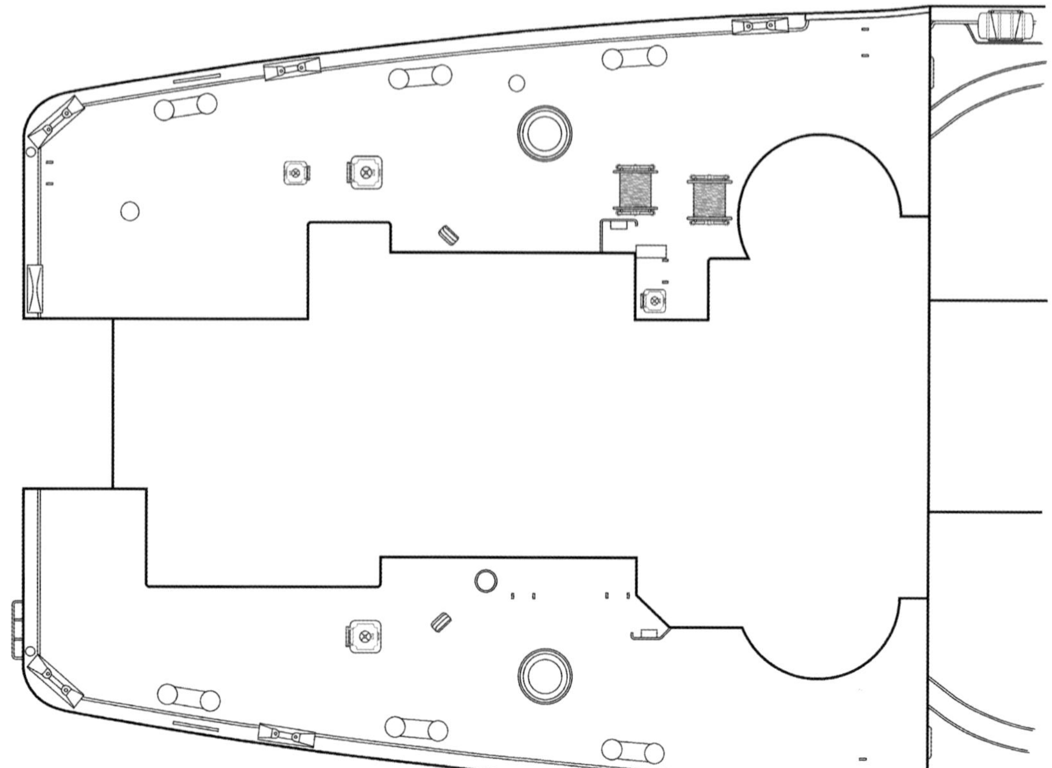

Helipad removed, top view
Widok z góry lądowisko zdjęte

Scale/Skala: 1:200

Main superstructure, bow section
Nadbudówka główna, część dziobowa

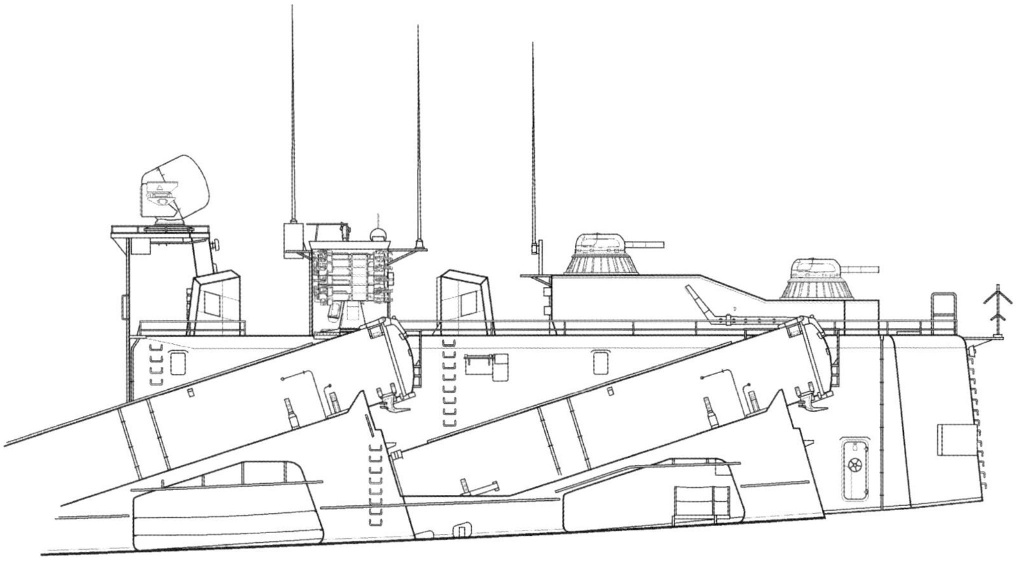

Starboard view
Widok z prawej burty

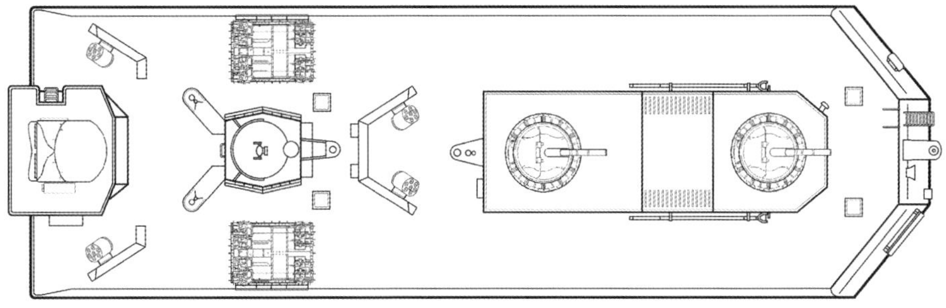

Top view
Widok z góry

Scale/Skala: 1:200

Main superstructure
Nadbudówka główna

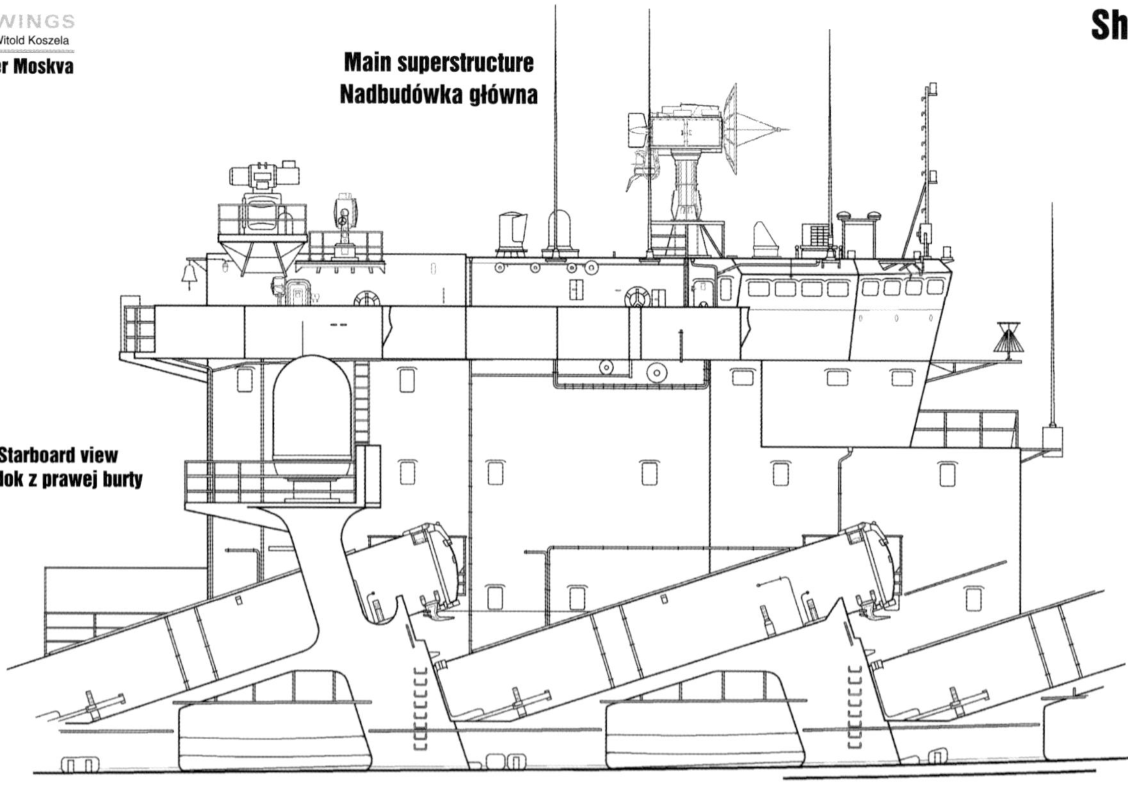

Starboard view
Widok z prawej burty

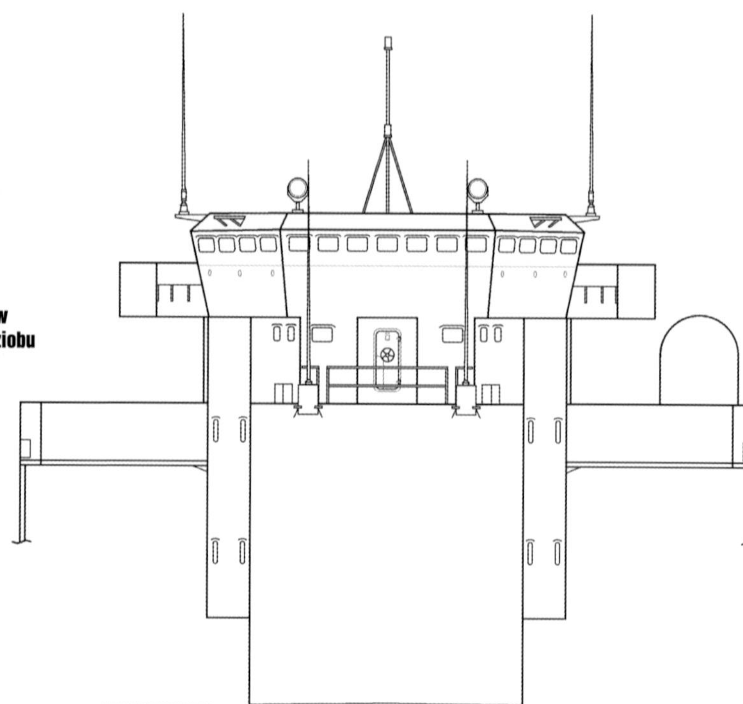

Bow view
Widok od dziobu

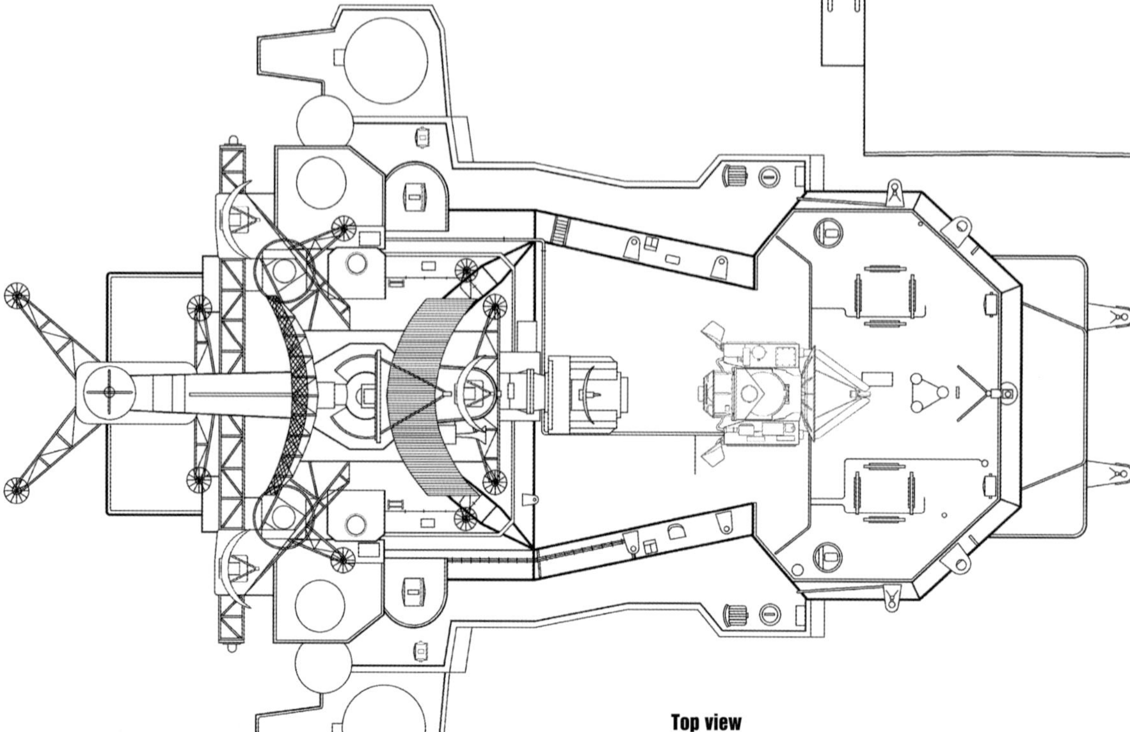

Top view
Widok z góry

Scale/Skala: 1:200

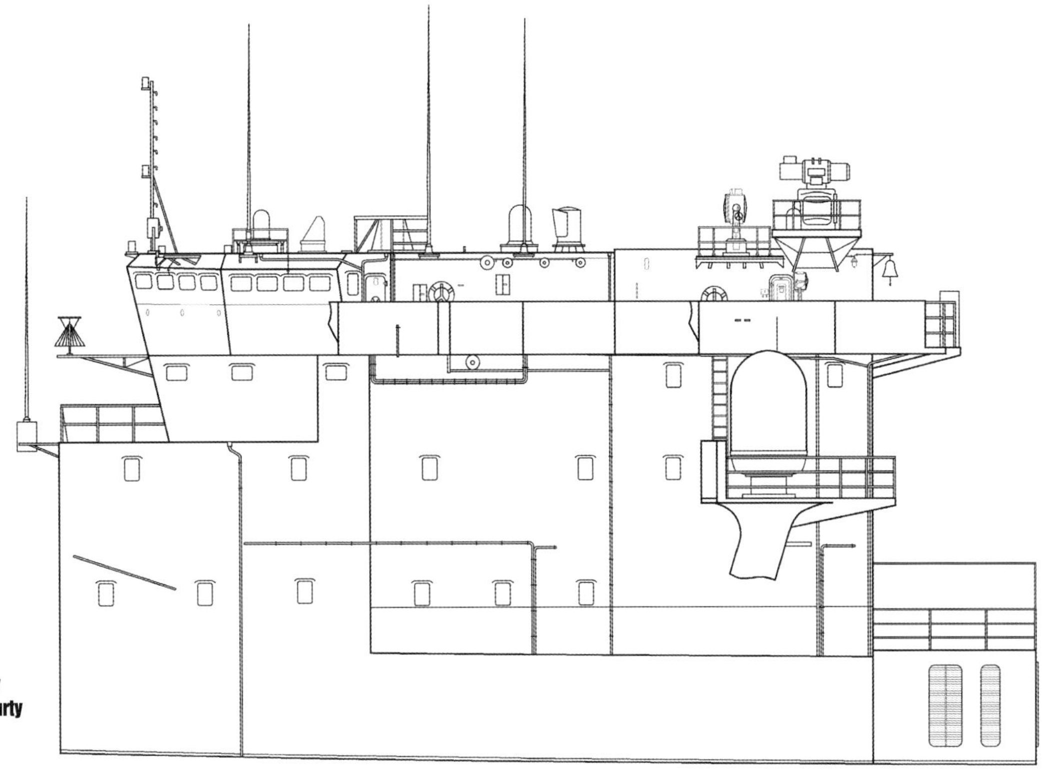

Port side view
Widok z lewej burty

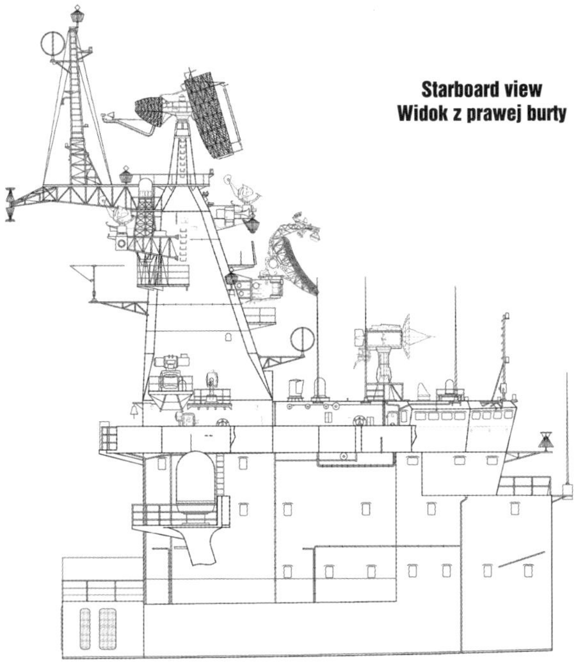

Starboard view
Widok z prawej burty

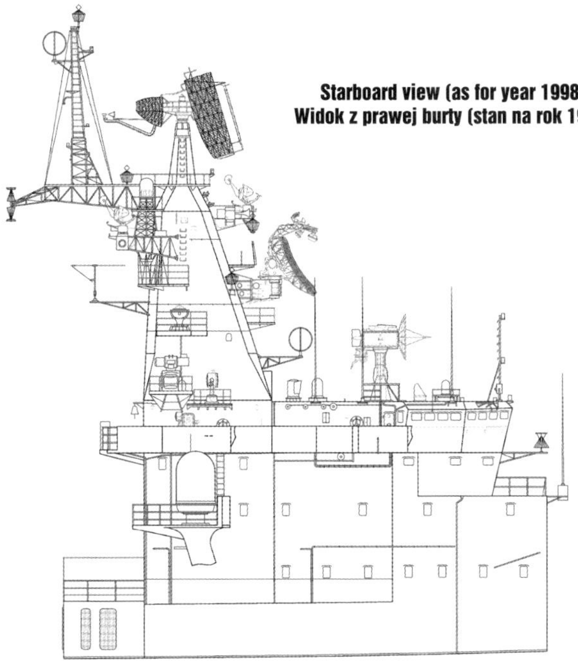

Starboard view (as for year 1998)
Widok z prawej burty (stan na rok 1998)

Main superstructure, midship section
Nadbudówka gówna, część śródokręcia

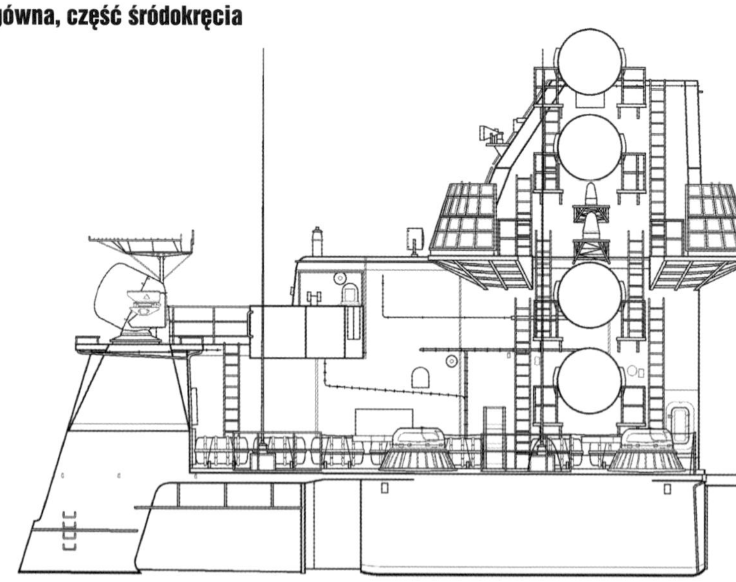

Port side view
Widok z lewej burty

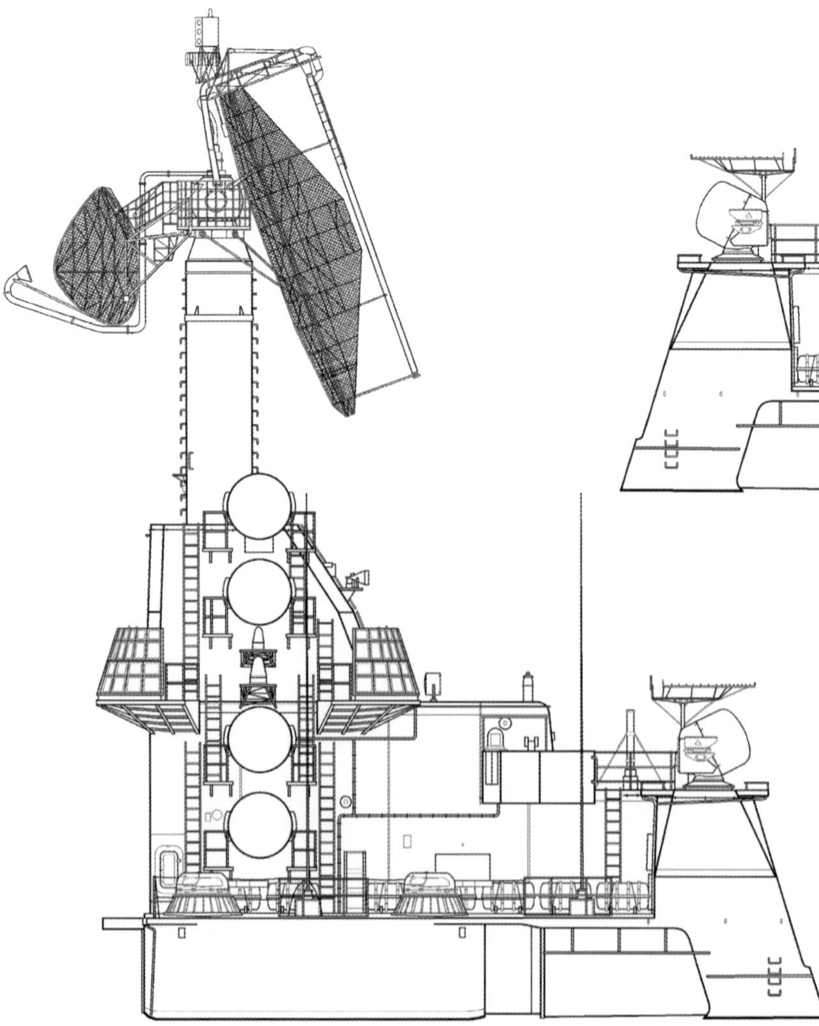

Starboard view
Widok z prawej burty

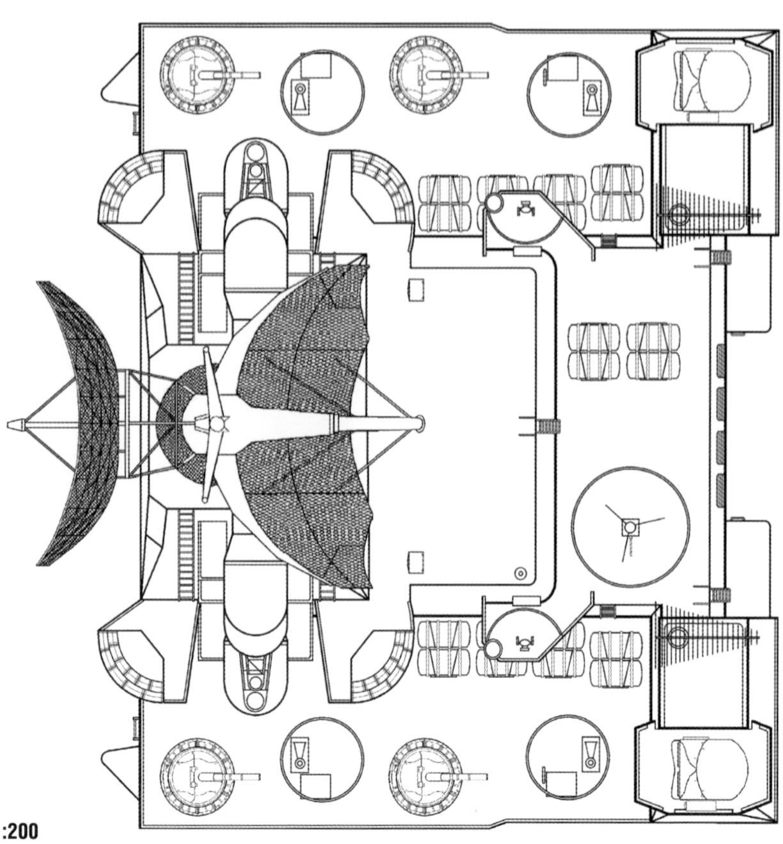

Top view
Widok z góry

Scale/Skala: 1:200

Funnel
Komin

Starboard view
Widok z prawej burty

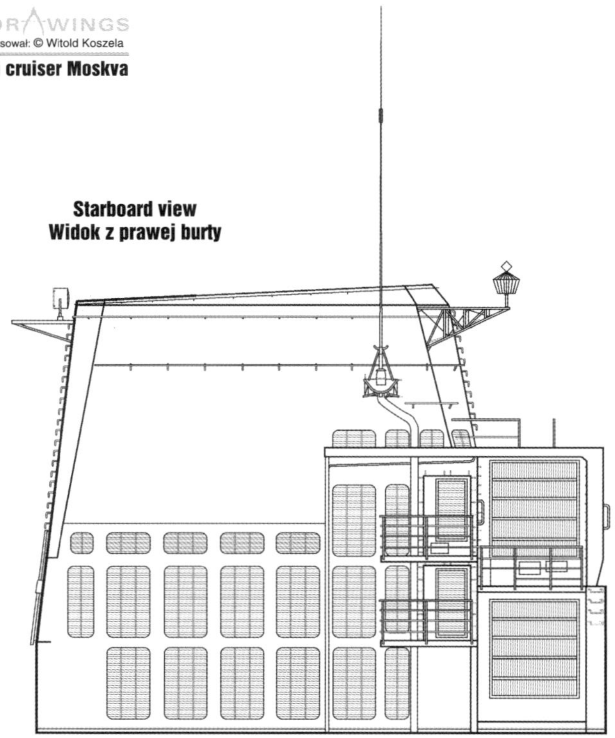

Bow view
Widok od dziobu

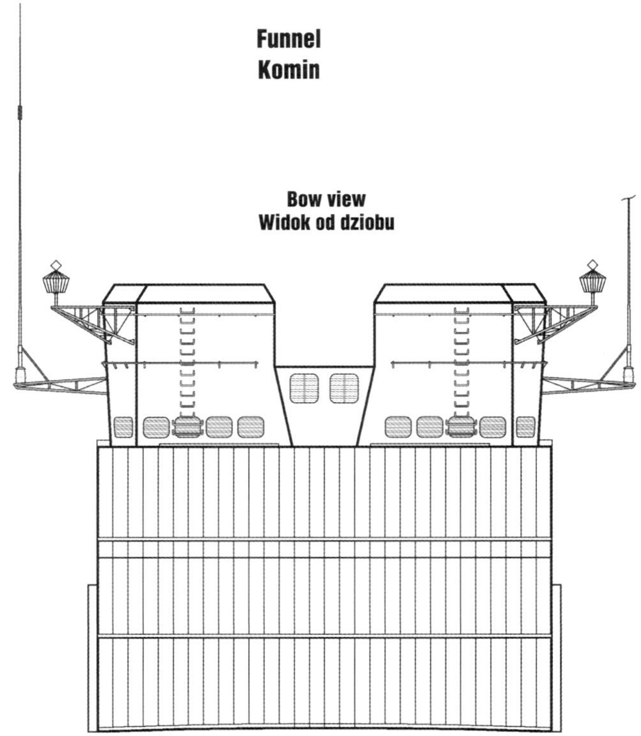

Stern view
Widok od rufy

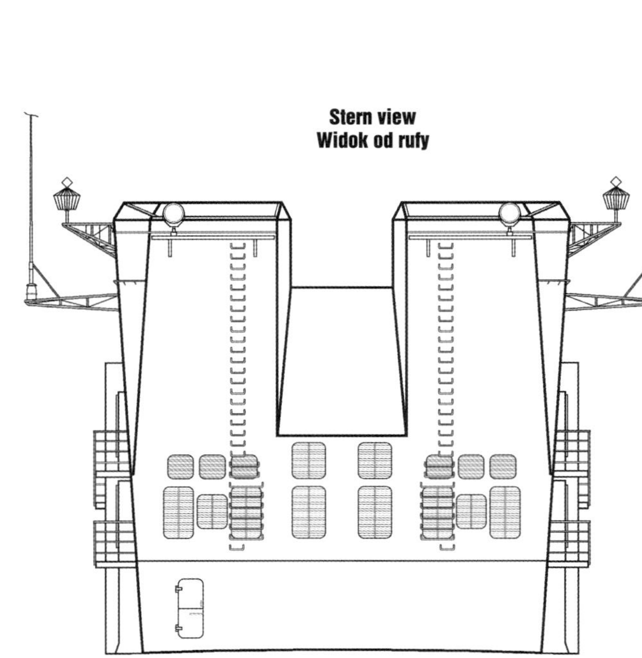

Top view
Widok z góry

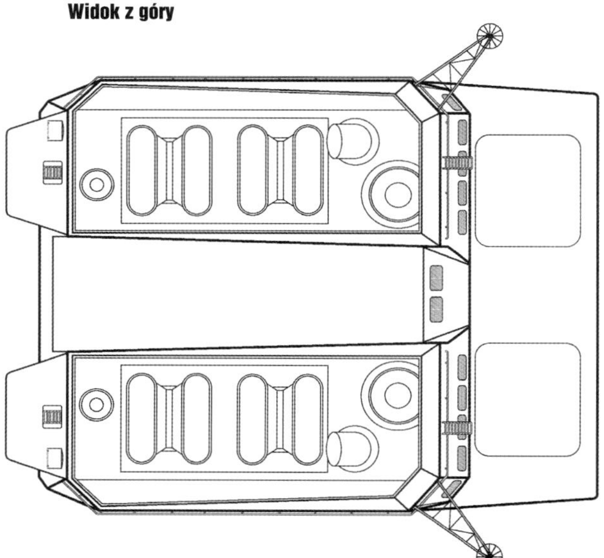

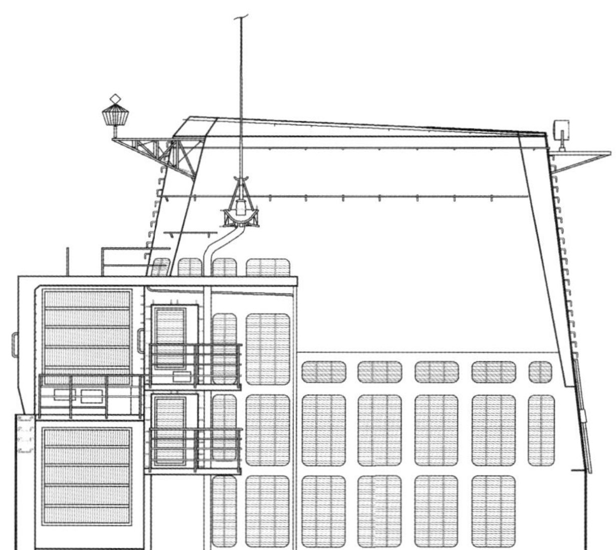

Port side view
Widok z lewej burty

Scale/Skala: 1:200

TOPDRAWINGS
Drawings/rysował: © Witold Koszela
Russian cruiser Moskva

Stern superstructure, hangar
Nadbudówka rufowa, hangar

Sheet/Arkusz 10

Starboard view
Widok z prawej burty

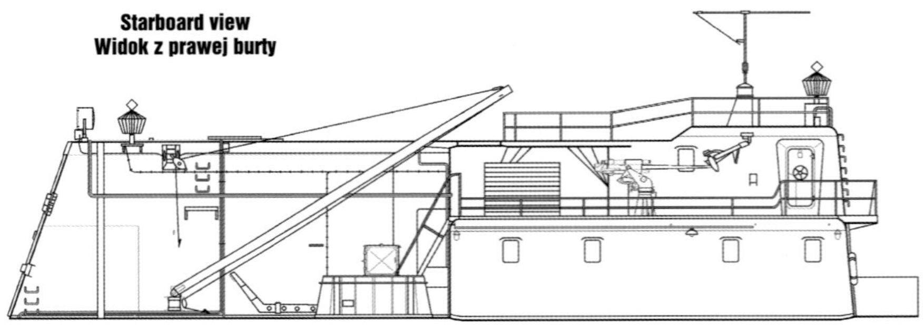

Port side view
Widok z lewej burty

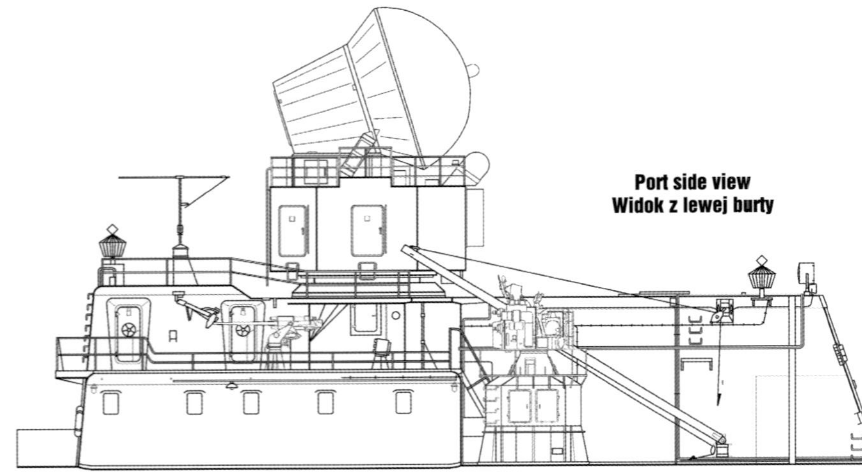

Top view
Widok z góry

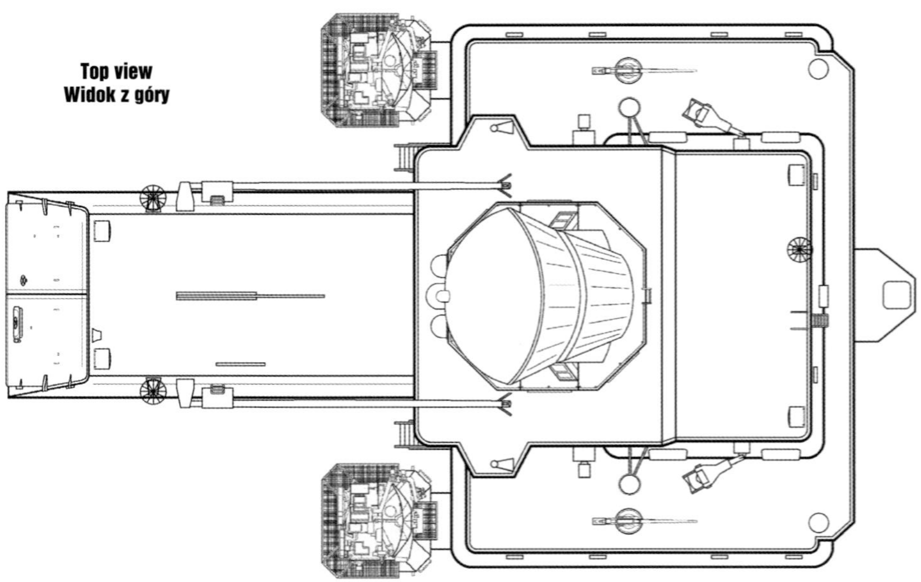

Bow view
Widok od dziobu

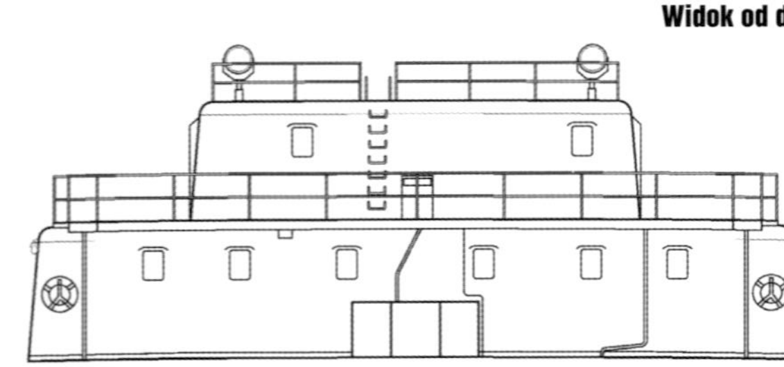

Scale/Skala: 1:200

www.kagero.eu
www.shop.kagero.pl

The way of moving and storaging the helicopter on flight deck and in the hangar
Sposób przenoszenia i ustawienia śmigłowca na pokładzie lotniczym w hangarze

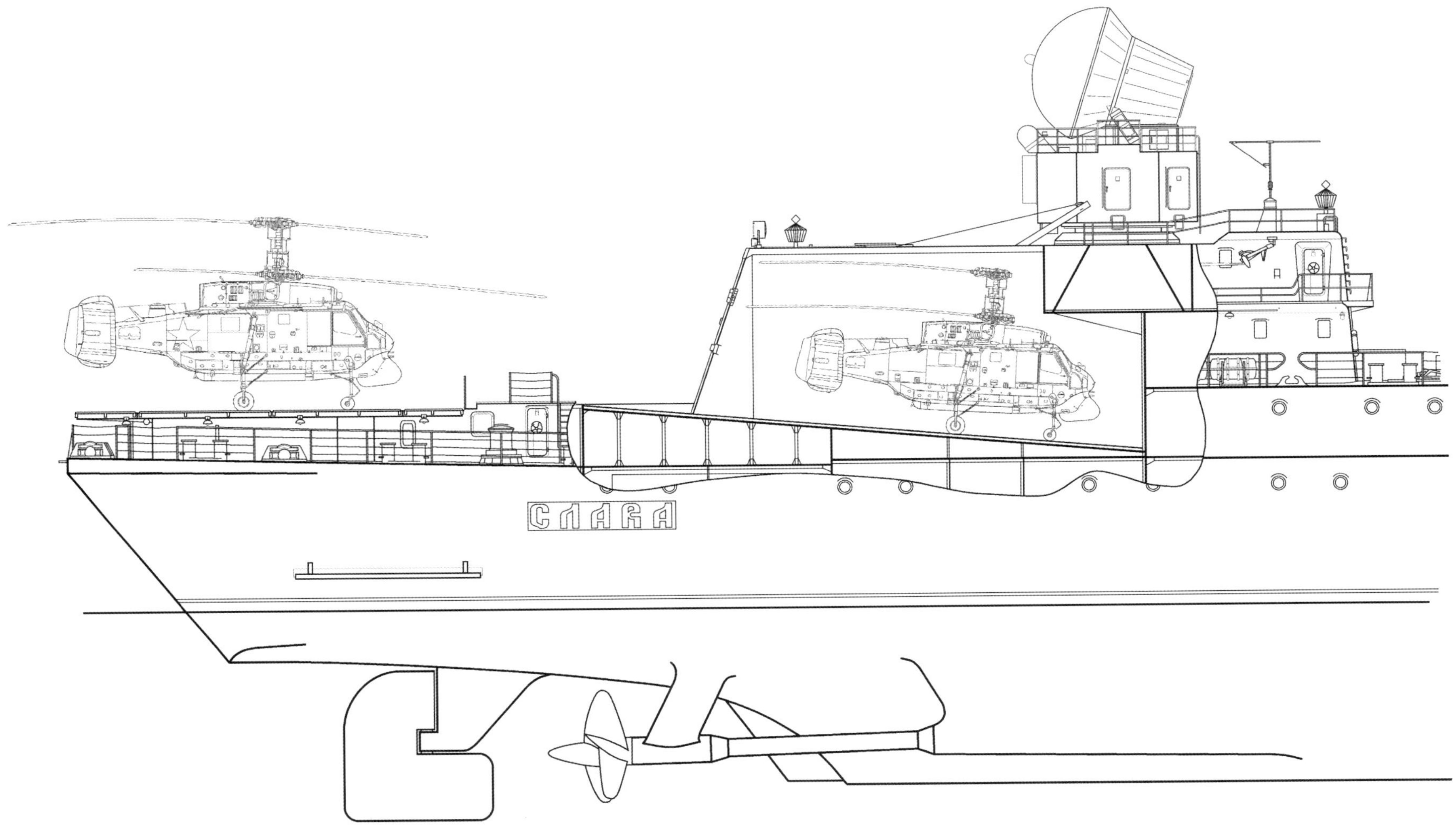

Scale/Skala: 1:200

SM-248 block launchers for 16 anti-ship P-500 rockets of 4K80 "Bazalt" system
Bloki wyrzutni SM-248 dla 16 rakiet przeciwokrętowych P-500 systemu 4K80 „Bazalt"

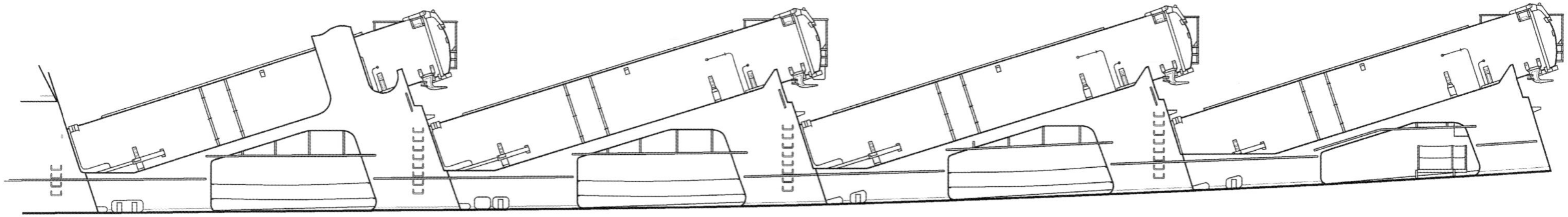

Starboard view
Widok z prawej burty

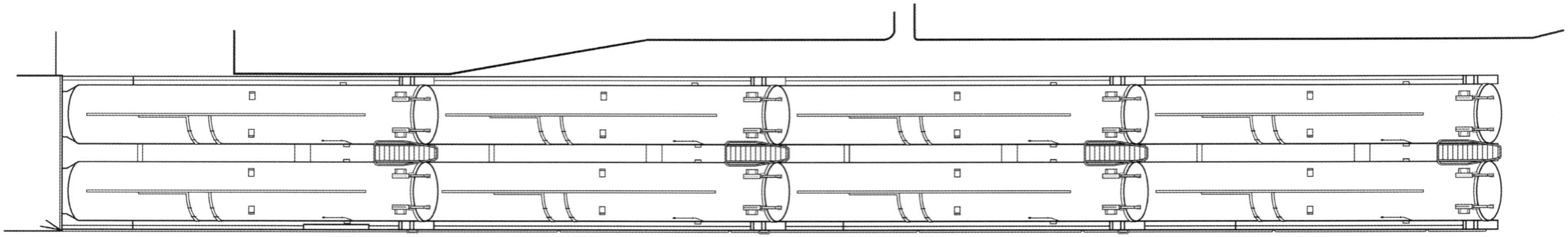

Top view
Widok z góry

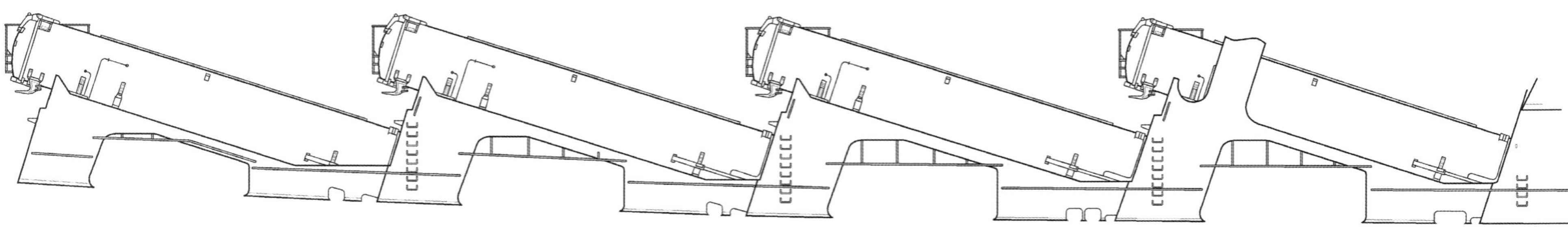

Portside view
Widok z lewej burty

Scale/Skala: 1:400

AK-130M 130 mm gun
Armata AK-130M kal. 130 mm

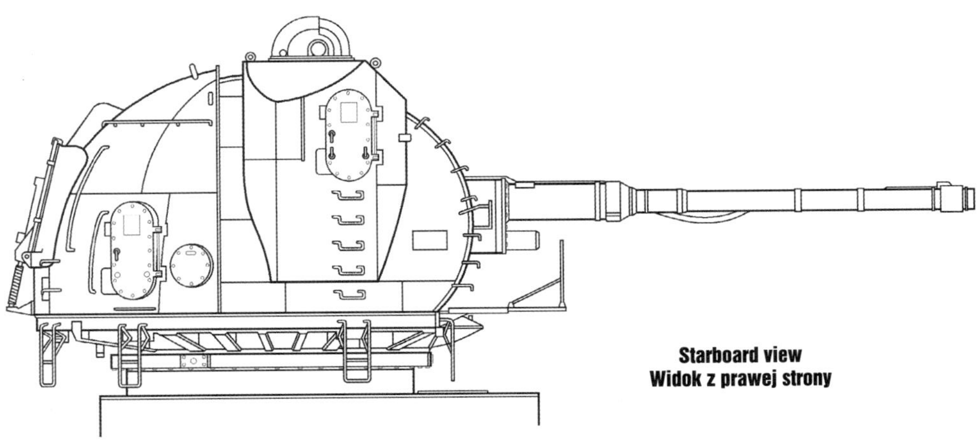

Starboard view
Widok z prawej strony

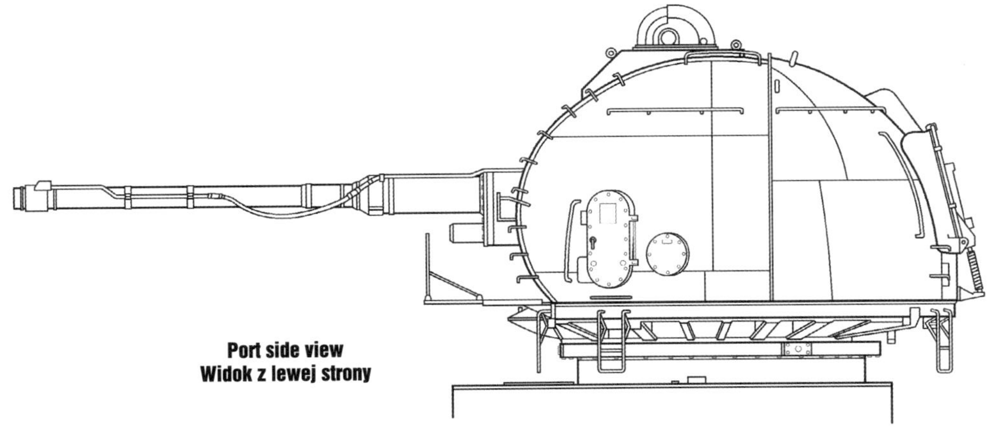

Port side view
Widok z lewej strony

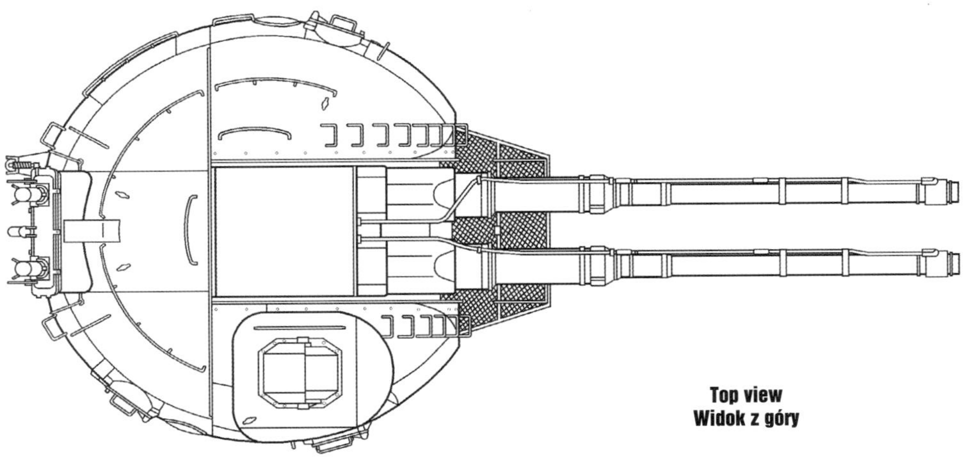

Top view
Widok z góry

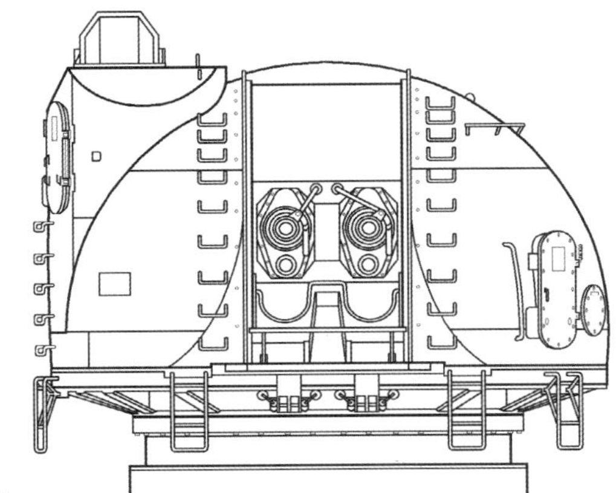

Front view
Widok od przodu

Scale/Skala: 1:100

AK-60M 30 mm gun
Armata AK-630M kal. 30 mm

Starboard view
Widok z prawej strony

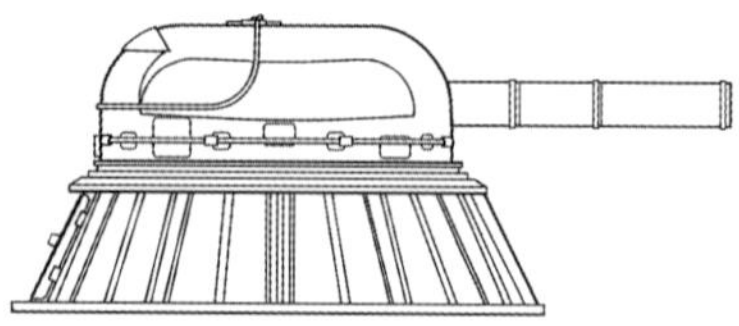

Top view
Widok z góry

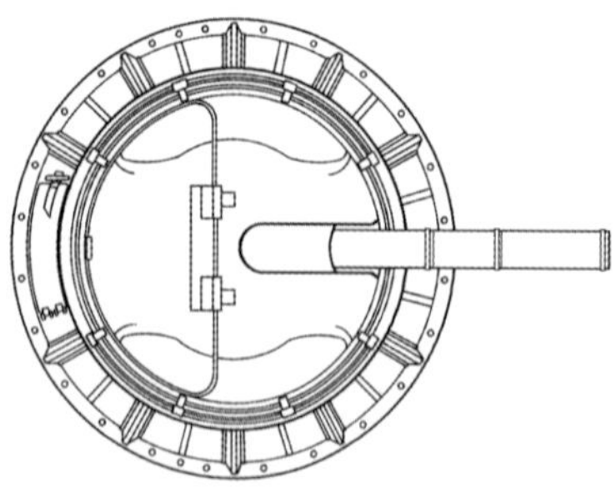

45 mm sginal gun
Armata salutacyjna kal. 45 mm

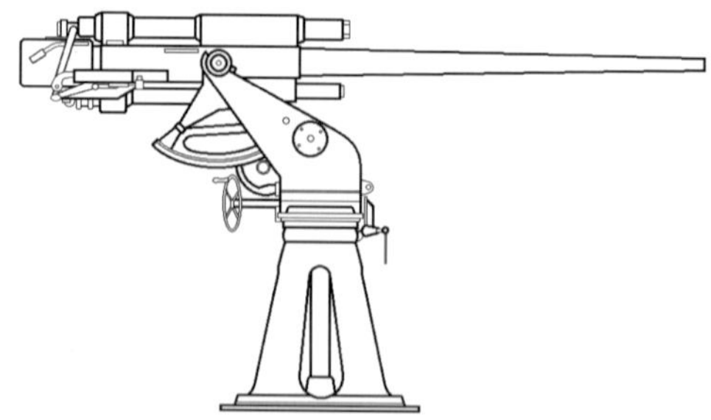

RBU-6000 rocket depth charge launcher
Wyrzutnia rakietowych bomb głębinowych RBU-6000

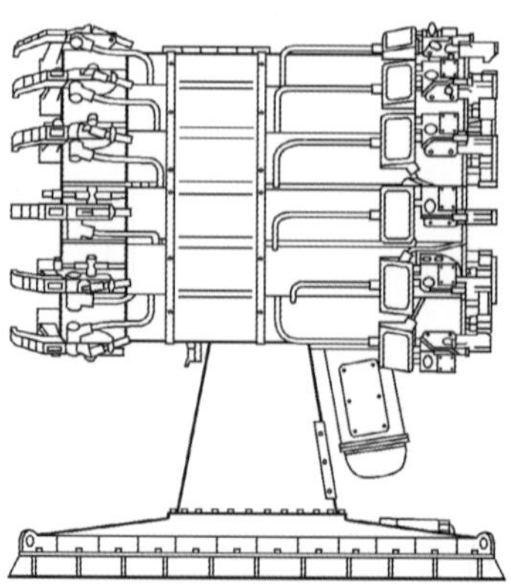

Port side view
Widok z lewej strony

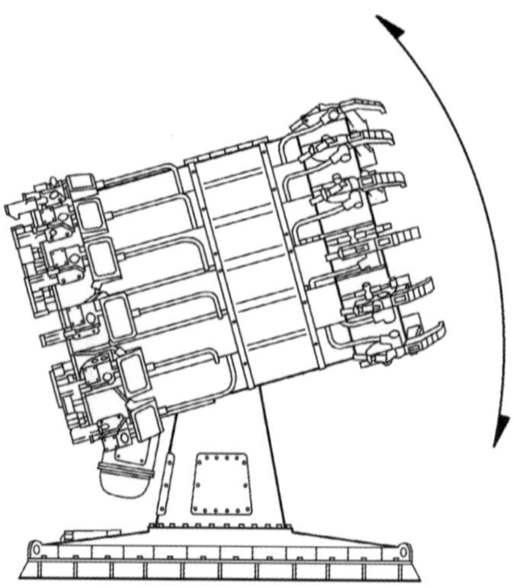

Starboard view
Widok z prawej strony

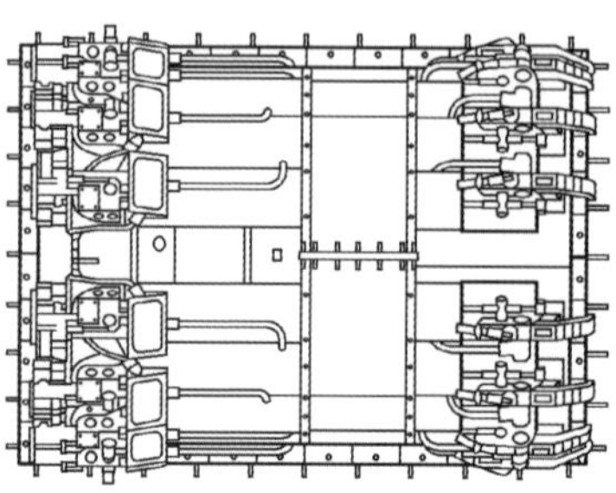

Top view
Widok z góry

Scale/Skala: 1:50

ZIF-121 mock target launcher
Wyrzutnia celów pozornych ZIF-121

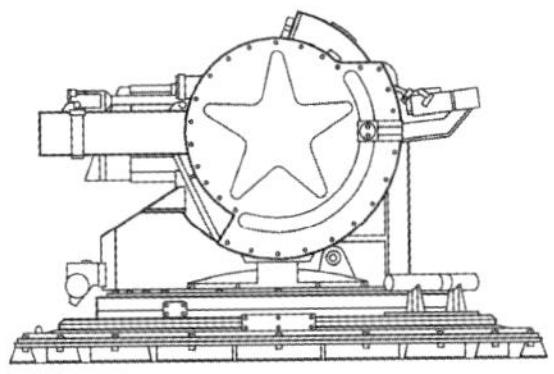

Port side view
Widok z lewej strony

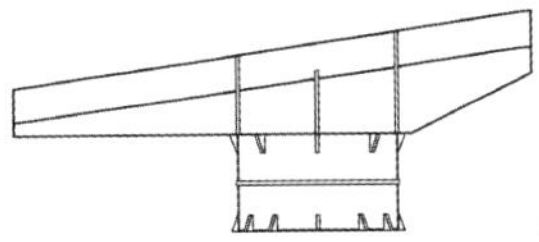

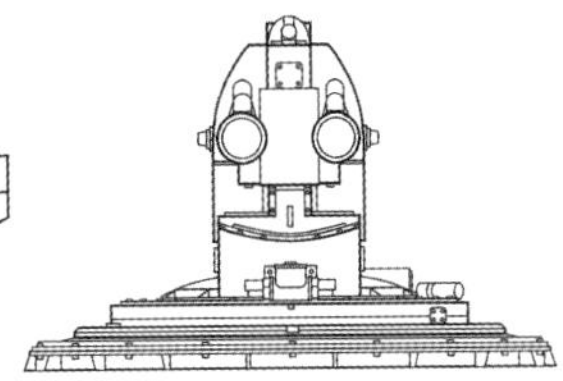

Front view
Widok od przodu

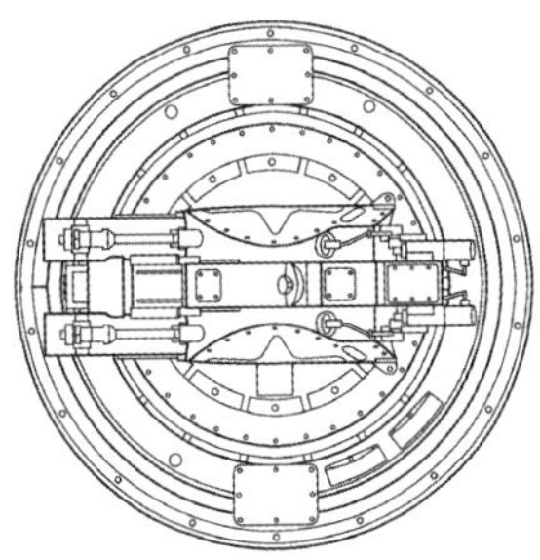

Top view
Widok z góry

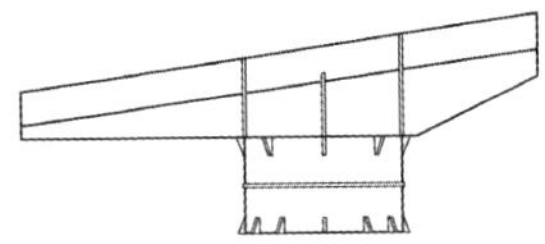

Casings gulley, side view
Rynna dla łusek, widok z boku

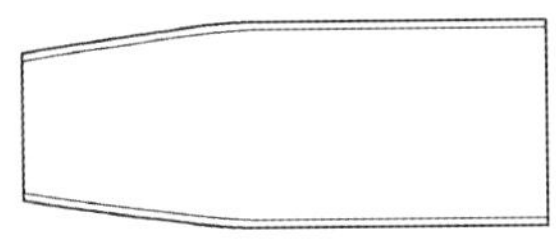

Top view
Widok z góry

ZIF-122 rocket launcher of Osa-MA AA system
Wyrzutnia rakiet ZIF-122 systemu przeciwlotniczego Osa-MA

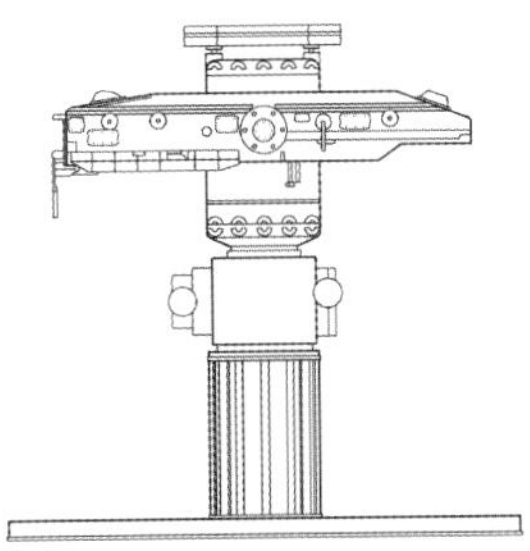

Casings gulley, side view
Widok z prawej strony

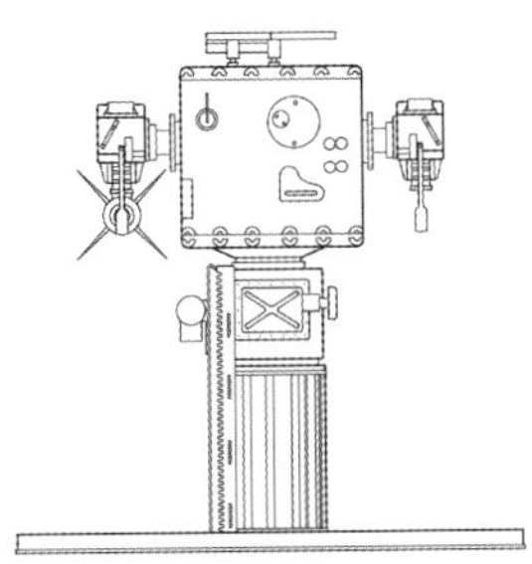

Front view
Widok od przodu

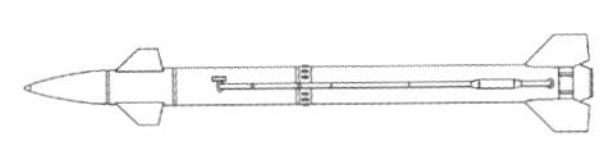

Missile
Pocisk

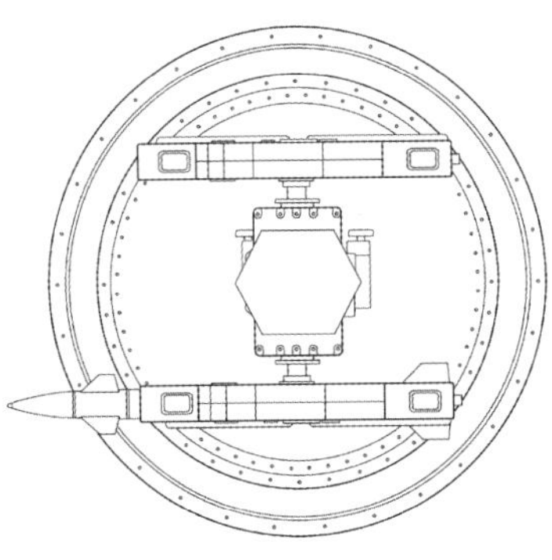

Top view
Widok z góry

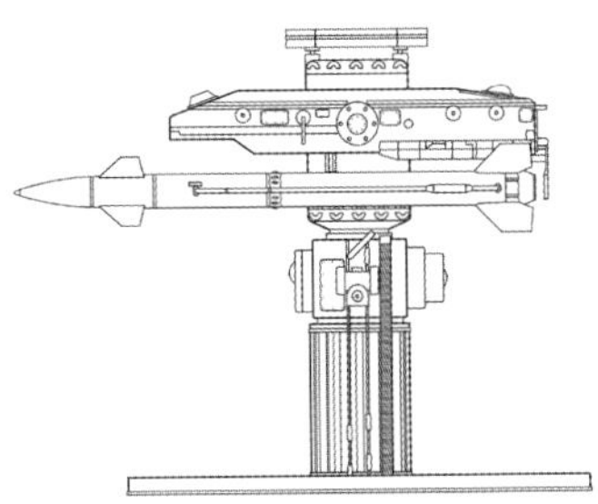

Port side view
Widok z lewej strony

Scale/Skala: 1:50, 1:100

533 mm torpedo tube
Wyrzutnia torped kal. 533 mm

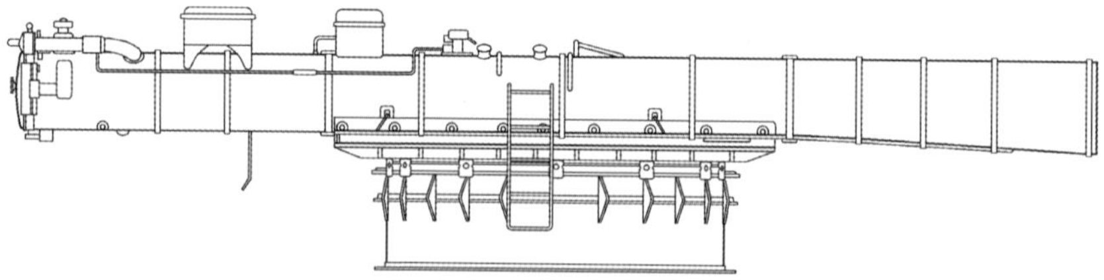

Starboard view
Widok z prawej strony

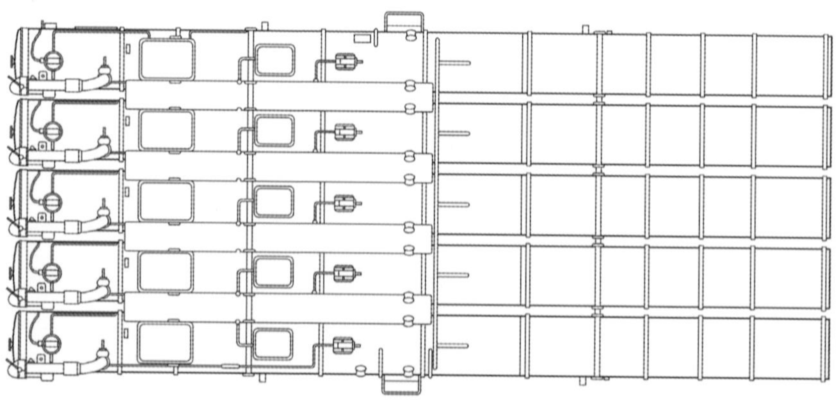

Top view
Widok z góry

MR-600 "Voskhod" aerial observation antenna
Antena systemu obserwacji powietrznej MR-600 „Woschod"

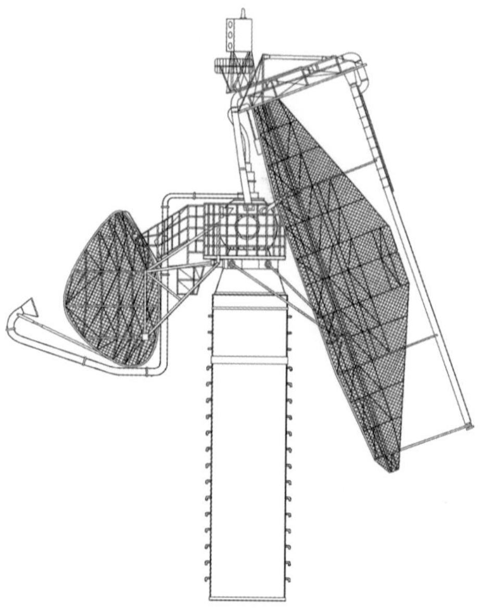

Starboard view
Widok z prawej strony

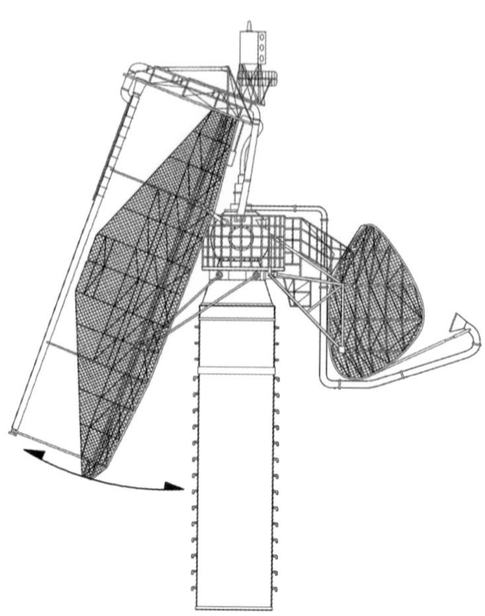

Port side view
Widok z lewej strony

3R41 fire guide complex of S-300F system
Zestaw kierowania ogniem 3R41 systemu S-300F

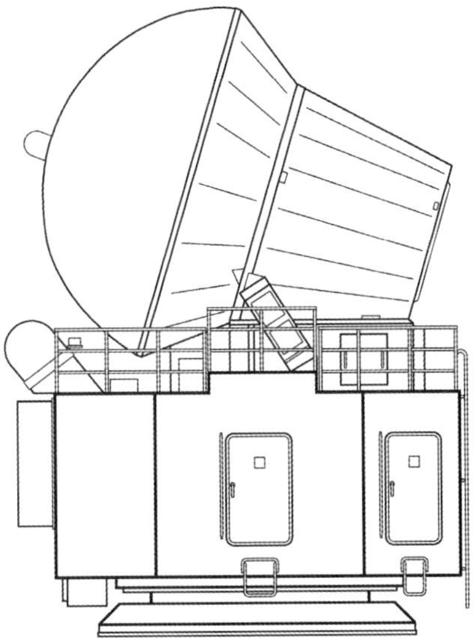

Starboard view
Widok z prawej strony

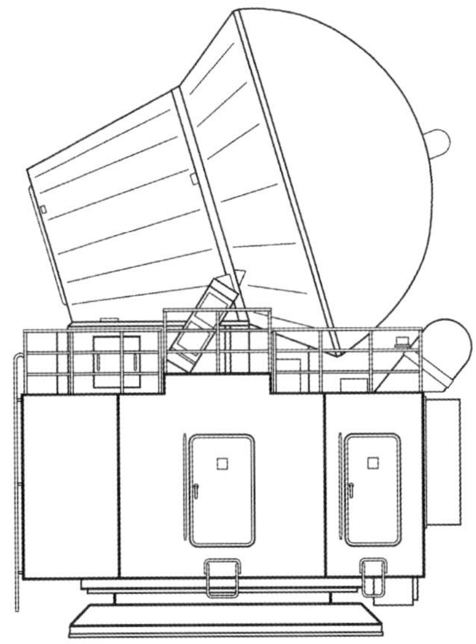

Port side view
Widok z lewej strony

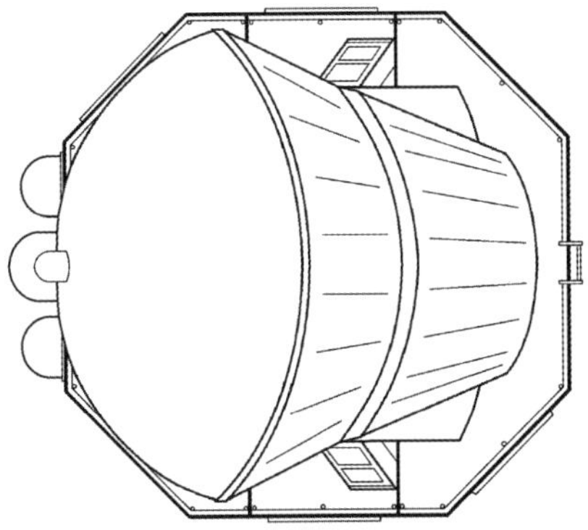

Top view
Widok z góry

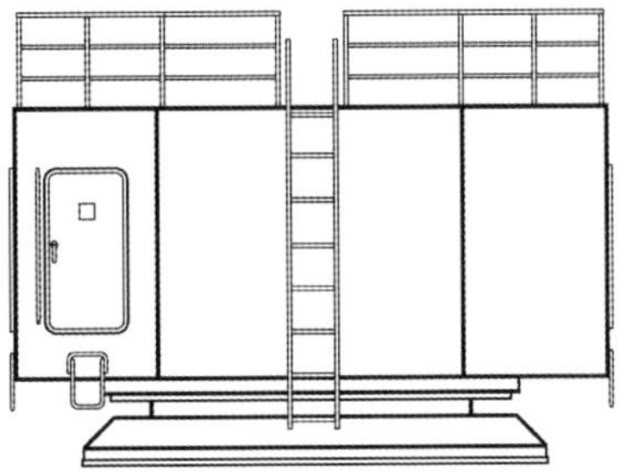

Rear view
Widok od tyłu

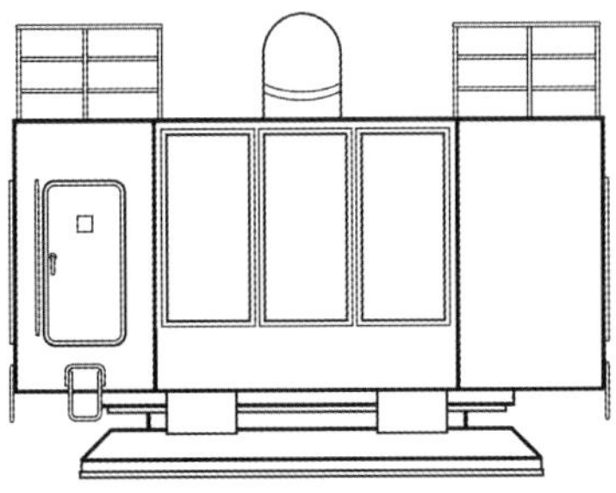

Front view
Widok od przodu

Scale/Skala: 1:100

4R33 target detecting set of Osa-MA system
Zestaw wykrywania celów 4R33 systemu Osa-MA

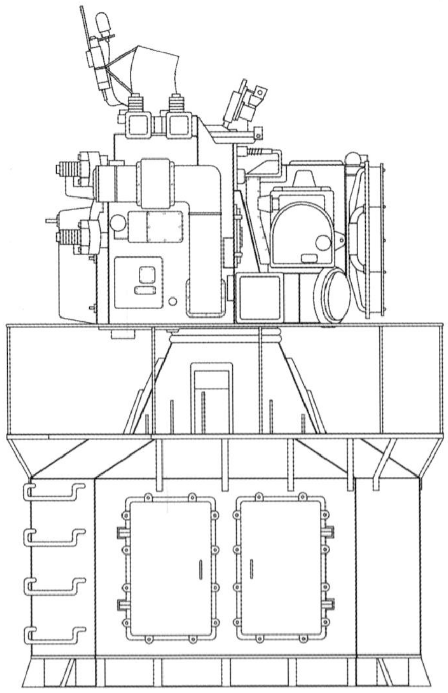

Starboard view
Widok z prawej strony

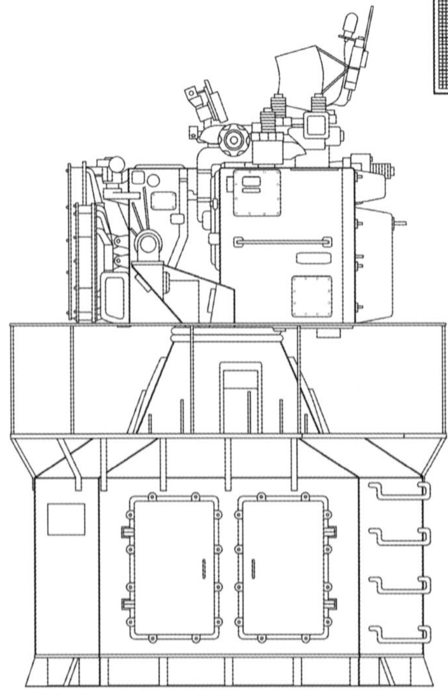

Port side view
Widok z lewej strony

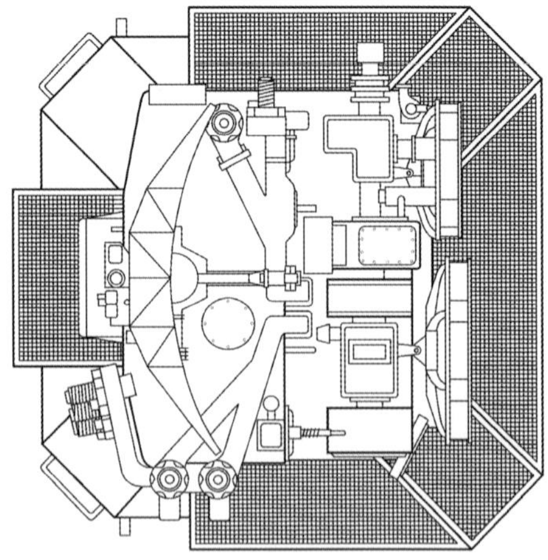

Top view
Widok z góry

MP-184 fire guide system antenna
Antena systemu kierowania ogniem MP-184

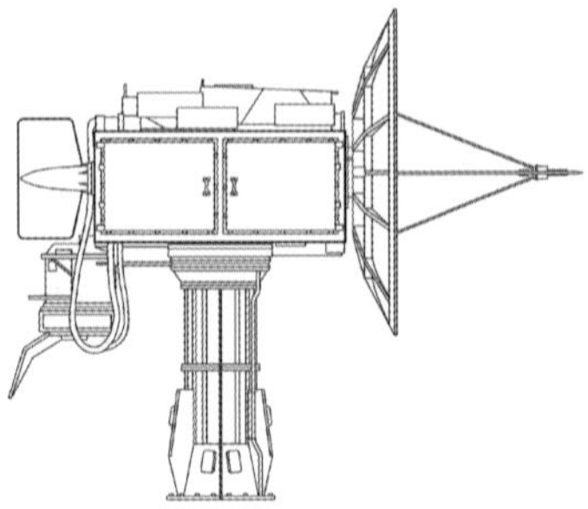

Starboard view
Widok z prawej strony

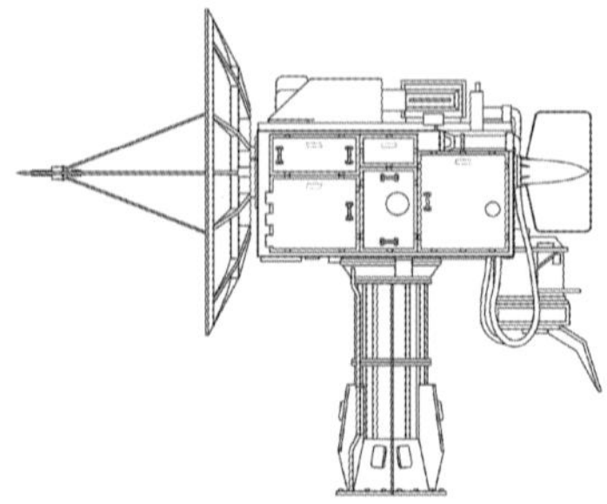

Port side view
Widok z lewej strony

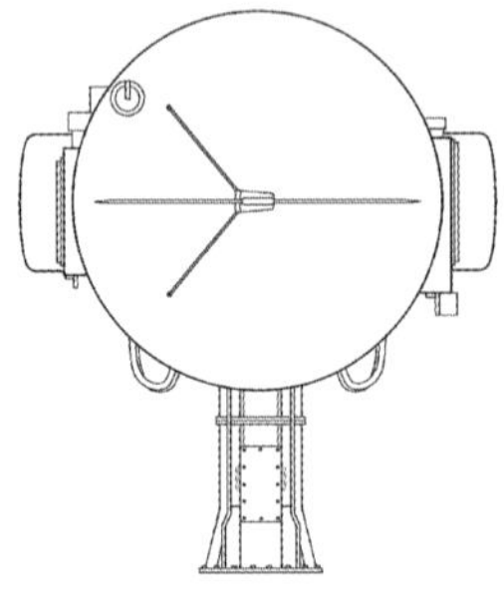

Front view
Widok od przodu

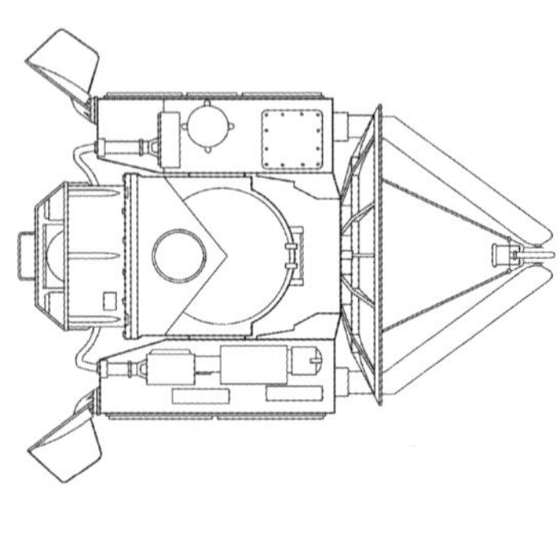

Top view
Widok z góry

Deck cutter
Kuter pokładowy

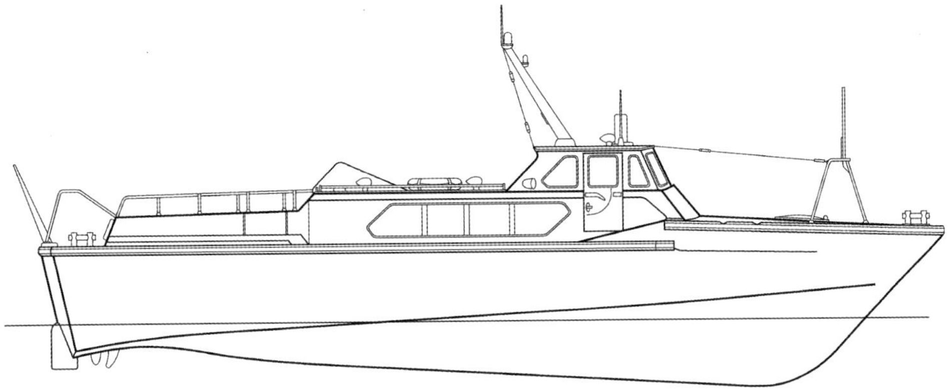

Starboard view
Widok z prawej burty

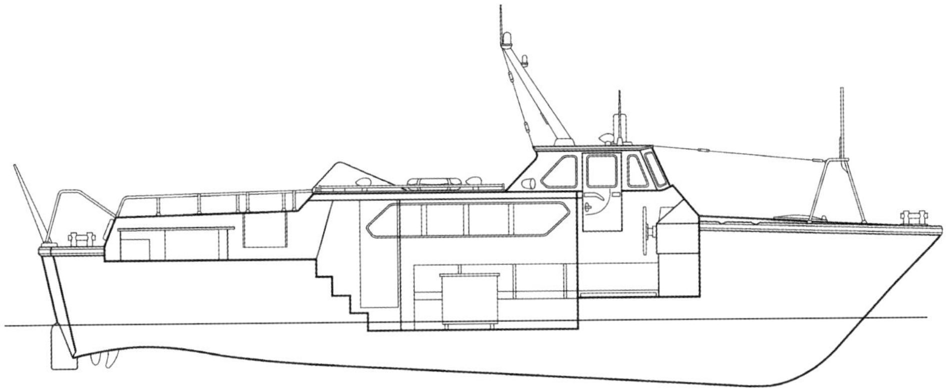

Cross-section
Rysunek przekrojowy

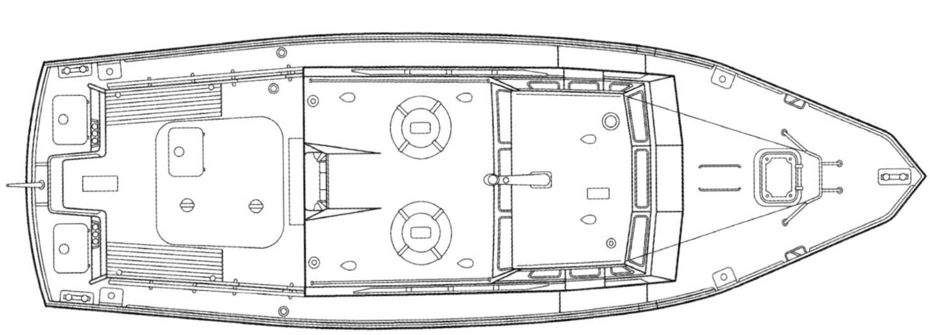

Top view
Widok z góry

Scale/Skala: 1:400

Deck long-boat
Barkas pokładowy

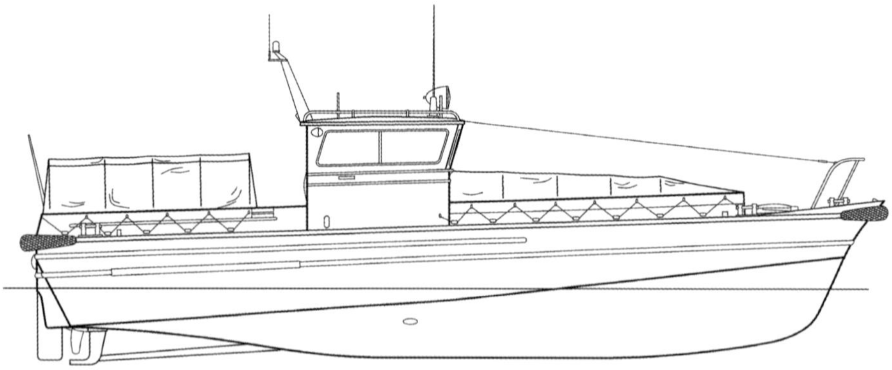

Starboard view
Widok z prawej burty

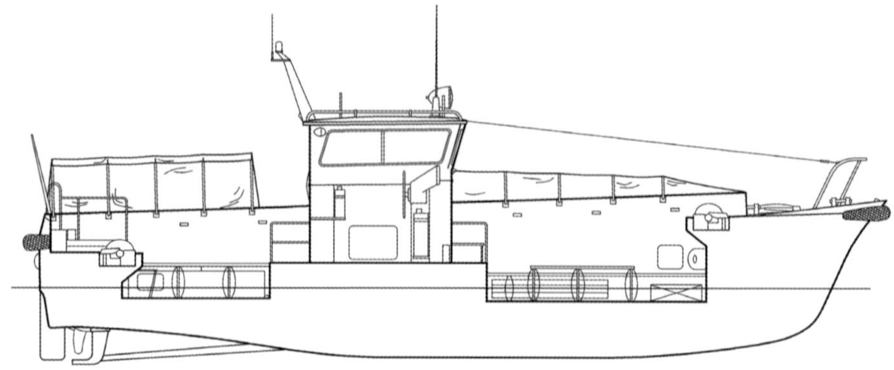

Cross-section
Rysunek przekrojowy

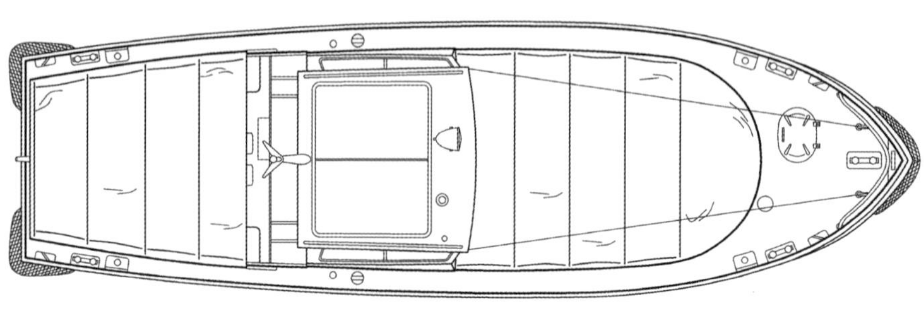

Wido Top view
k z góry

Scale/Skala: 1:400

Kamov Ka-25 deck helicopter
Śmigłowiec pokładowy Kamow Ka-25

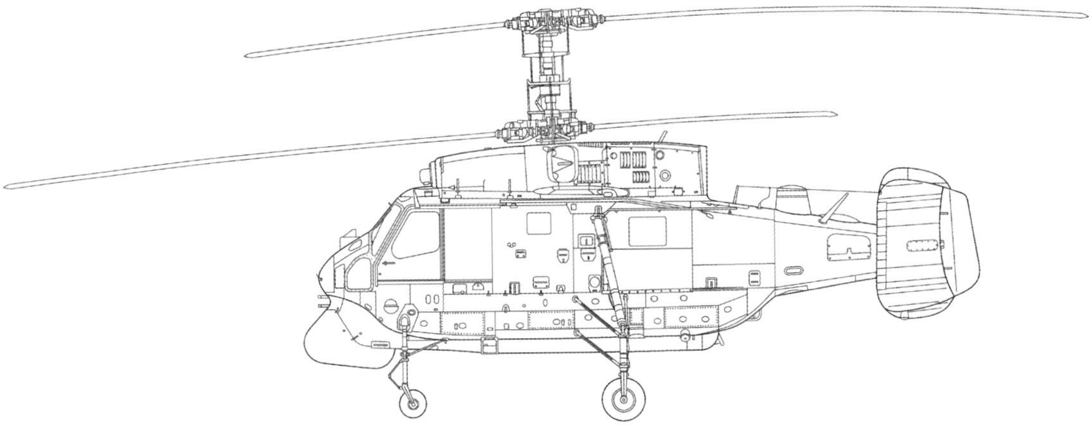

Port side view
Widok z lewej

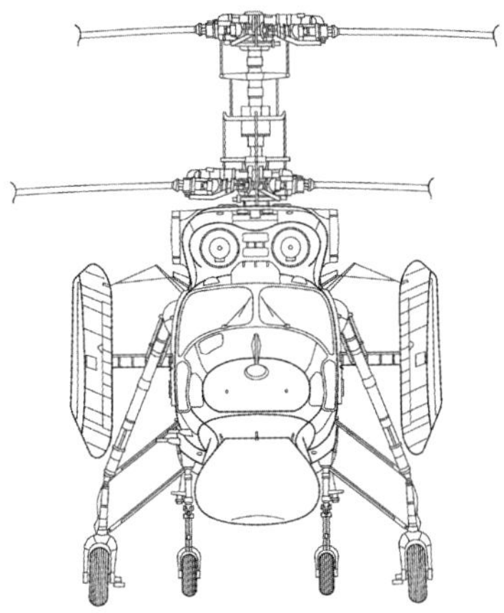

Front view
Widok od przodu

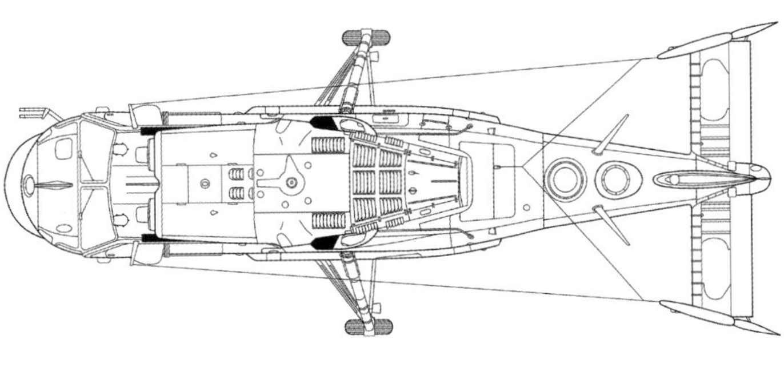

Widok z góry
Top view